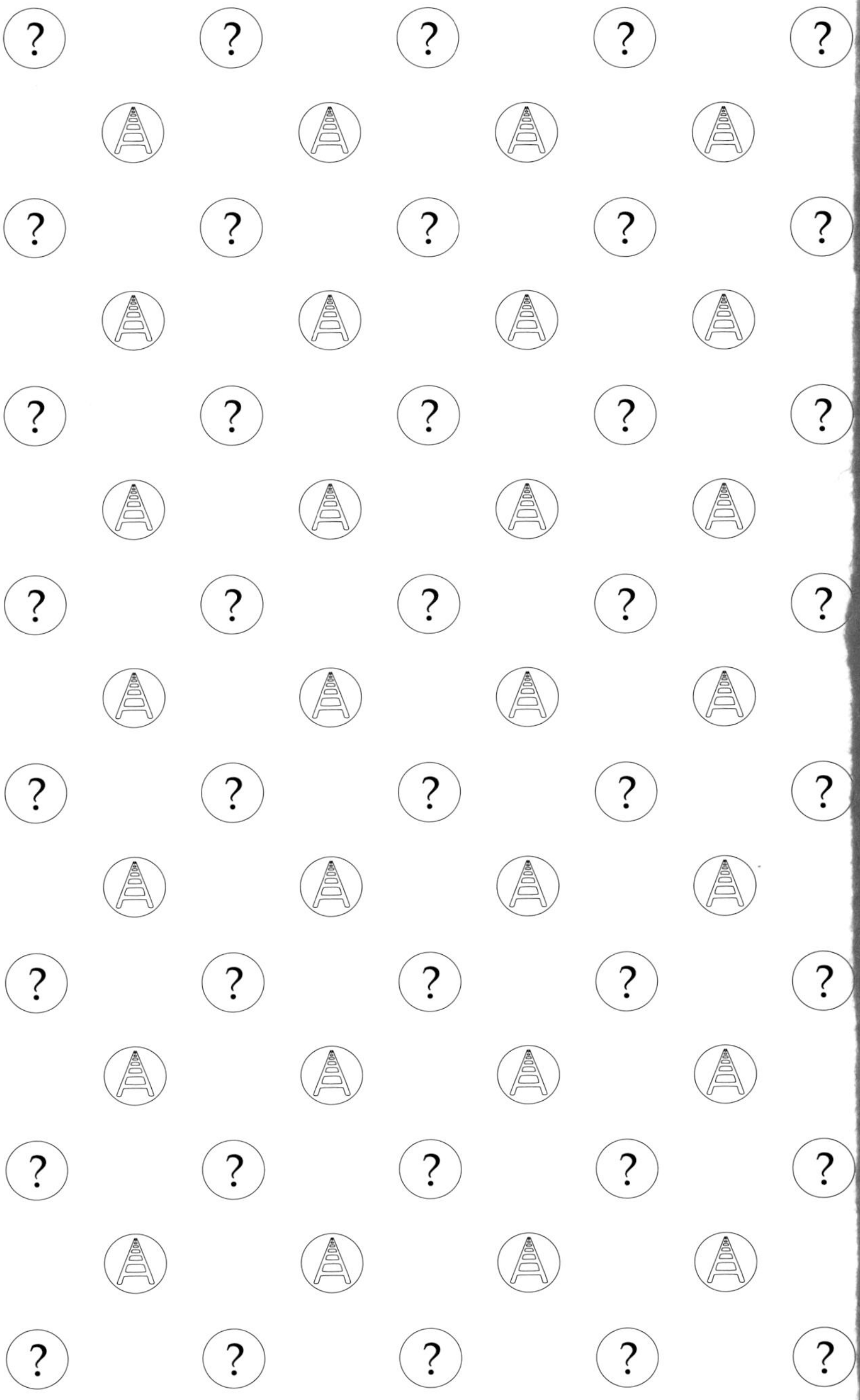

娘と話す　世界の貧困と格差ってなに?

はじめに

1．この本ができたわけ

みなさん、こんにちは。この本はわたしＦと父との対話が中心になっています。わたしと父との話し合いのきっかけは、夏休みを利用して、二人で初めて行ったアフリカ旅行です。

わたしはこの旅行から、たくさんの疑問をもって日本に戻りました。

確かに、わたしは地理や世界史などでアフリカのことを教わり、「南北問題」ではよくアフリカの名前が出てきました。この「南北問題」とは、日本のような先進国とアフリカのような途上国との間の経済格差の問題だということも教わり、知っていました。また、なぜ途上国を「南」、先進国を「北」と呼ぶかは、南側に貧しい国が多くて、北側には豊かな国が多いからだということも教科書で知っていました。もっと言えば、先生がわたしたちの学校に呼んだ、アフリカの飢えている子どもたちを助ける活動をしているスタッフから体験談を聞いたこともあります。そのあとクラスで、こういった子どもたちにわたしたちはなにができるか、話し合ったこともあります。

しかし、実際にアフリカに行ってみて、短い旅行だったけれど、いろんな人に出会ったり見たりしたことで、知っていたつもりでも、実はわからないことだらけになっている自分に気づいたんです。

現地に行ってみて、学校に行きたくても行けない子どもに会ったり、食べ物も十分に食べられないで街中で働いている子どもたちを、実際に見て驚きました。

なぜ、そのようなことが起こるのか。

この「なぜ」がアフリカという「南」の国で見たり考えたりしたことへの疑問でした。しかし、いつの間にか、自分たちの住む日本という「北」の社会での出来事まで、話し合うことになりました。

ただ、自分たち二人だけでこの話し合いの内容を記憶にとどめておくのはもったいない気がしました。同じ時代を生きるより多くの友だちや、見知らぬ人びとと、わたしたち二人の話し合いの内容を共有していこうと決めました。

内容は時々脱線することがありますが、いずれもいまわたしが生きている世界をわたしはどう読むのかという、大きな「なぜ」という問いが貫かれています。

疑問はたくさん出ました。しかし、すぐに答えや結果が出ないこともしばしばでした。わかりやすい解がすぐ見つからず、イライラしている自分に気づいたこともあります。正直言って、学習ドリルみたいに一問一答形式でページをどんどん進んでいくようには、話し合いは進みませんでした。

それどころか、話し終わってみると、前よりもかえって大きな課題を宿題としてもらってしまったようです。

これを友だちにも伝えたい。そしてすぐ答えの出ない問題でもみんなで考えてみたい。

伝え方はいろいろあります。

ブログやツイッターなどもてっとり早くて気軽にできます。

しかし「南」の世界を少しでも知ってしまったわたしは、どんな世界だったら「南」の人びとも一緒に仲良く生きられるのか、という問いを、立ち止まって、友だちと考えたいと思いました。

わたしは父にこのことを相談しました。すると父は、多くの人びとが立ち止まって、考えるきっかけをつくりたいなら紙の本はどうかというアドヴァイスをくれたのです。なぜなら紙の本は誰でも手に取れば、電源がなくても太陽と月あかりさえあればしっかりと読めるから、と教えられました。実際、父と訪ねたアフリカの首都の大きなホテルの外灯の下で、夜、子どもたちが教科書を膝に置いて宿題をしていたのを思い出しました。子どもたちの家庭には電気がないので、外灯の下に集まって勉強していたのです。また、アフリカの村で泊めてもらった家庭では、水道も電気もありませんでしたが、庭先の薪のかまどでは、料理担当の少女が、薪が燃えるかまどから漏れる光で一生懸命にノートに学校で習った文字を清書していたのを思い出しました。「ホタルの光、窓の雪」という読書環境はアフリカでは「ホテルの光、かまどの光」になるのか、などと思ってしまったぐらいです。

こうしたことで、この紙の本ができたわけです。

Fより

2. 高校生Fの自己紹介と話し合いのきっかけ

この本の登場人物の紹介をしておきましょう。
まず父とは、大都会の大学で世界の格差と貧困を研究し、教える先生です。
その娘のわたしはどんな高校生なのでしょうか?
わたし自身による近況レポートを聞いてください。

「わたしはだいぶ前から奇妙な不安に取りつかれてきた。成績も中の上だった。クラスでの対人関係もほどほどでよかった。祖父はもう他界したが、祖母は近くに住んでいて九〇歳を過ぎても元気だ。遊びに行くたびにお小遣いをくれる。もう一〇年以上も五〇〇円玉一つ。わたしも年齢が上がったのだから少し増額してくれてもいいのにと思うこともある。

再来年は高校卒業の年で、両親も大学に行くことに賛成している。少子化ということで、受験をしなくても、そこそこの大学に行けそうなのであまり心配していない。担任の先生は君なら適当な大学に推薦で入れるよ、と言ってくれている。

まだ決めていないけど、国際問題に関心があるので、そんな名前の付いた学部を選びたい。

本当は生き物を観察するのが好きで、生物系を選びたかった。だけど、同級生が校庭でけがをして、医務室に一緒に行ったとき、傷口と、その痛みでゆがめている同級生の顔を見てしまった。ああ、自分にはネズミやカエルの解剖はできないんだろうなと悟って、生物系はあきらめた。

両親はと言えば、二人とも自分のことで精一杯で、毎日それぞれ忙しそうに動き回っている。仲はそれほど悪くないみたい。父はいつも好きなことをやりなさいと言ってくれるし、母はわたしの小学校時代から朝学校に行くとき、忘れ物はないの、と声をかけてくれる。

わが家の犬、キキもどう見ても幸せそう。キキの辞書には不幸と心配という言葉がないのかもしれない。朝起きるとまず居間のカーペットの上で全身を伸ばして体操をし、わたしたちの寝ているベッドにそれぞれ見回りに来るのが日課だ。予防注射のため、近くの動物クリニックの待合室で一緒にいたとき、「山田キキさーん」と看護師さんが順番を告げたら、わたしが返事する前に、キキはワンと返事をしてしまった。隣で待っていた飼い主さんから「おたくの犬、しっかり者ですね」と言われて、わたしも少しうれしくなり、「ハイ」と言ってしまった。キキもなんとなく気づいたみたいで、帰りはしっぽを振っておすましをしていた。

要するに、自分にとって、いまの自分も、おそらくこれからの自分にも、これといった問題がないのだ。すべてが適当に見え、自分の未来が不幸な劇のような形で展開するとは思えないのだ。

にもかかわらず、いまのわたしにとって、いまいる世界はなにか不安。いや、それどころか、これからもほどほどに生きていけるかもしれないという実感こそが、どうやら不安の源のように思えてくる。

そんなある日、父が夏にアフリカに用事で行くので、よかったら一緒に連れて行ってあげると言った。修学旅行や家族旅行で米国や韓国やシンガポールぐらいは行ったことがあるけど、アフリカなんて初めて。とても不思議だった。というのは、小学校の頃、入学祝いで祖母から買ってもらった地球儀で、この大陸が気になっていたから。コンセントを入れると地球が内側から明るくなる地球儀で、それを時々回してみては、日本の反対側にあるこの大陸には一体どんな人が住んでいるのか知りたい、と何度か思ったことがあったのだ。」

3. 一万メートルの上空から見た世界――闇と光

このようなわけで、わたしは父と初めてのアフリカに旅行に行きます。アフリカ到着までのわたしの感想文を読んでください。

「初めてのアフリカ旅行で出発前は忙しかった。黄熱病の注射をした日は少し熱が出た。父は「持って行って便利なモノは必要の無いモノ」となるべく荷物は少なめにと言ってくれた。宿題をいつも一緒にするクラスメートのMは、お母さんと小学生の弟の三人家族だけど、お母さんにはアフリカにしかないイヤリング、弟にはアフリカサッカーチームのTシャツを頼まれた。ヨーロッパ経由での夜行便で、離陸して少し時間が経つやほとんどの乗客は眠りだしたけど、わたしはやや興奮していたせいか、少しも眠たくなかった。窓側に座って冷たい窓に額を押しつけて、なにか見えないかと、ひたすら目を凝らしていた。

飛行機の翼が少し見えた。その上に無数の星が広がっていた。それぞれが自己主張するようにキラキラと輝いていた。外界は真っ暗。シベリア大陸上空だろうか、時々家々の光が互いに寄り添うようにまとまって見える。小さな町か村だろう。

知らないうちにうとうとしていた。フライトアテンダントがチョコアイスをどうぞとくれた。もうすぐオランダのアムステルダム。夜明け前の西ヨーロッパ。網の目のように道路網が広がり、日の出前なのに、もう車のライトがあわただしく行きかっているのが見える。都市は広大な輝く星雲のように、地表を覆っている。

アムステルダムで、すぐアフリカ行きの日中の便に乗り換え、西ヨーロッパから地中海を超えて、ついにアフリカ大陸に入った。何時間もの間、赤茶けた砂と時々地平線まで細々と伸びる道路しか見えないサハラ沙漠の横断。わたしたちが赤道直下のこの国の首都の空港に着いたときは、もう夜だった。

荷物を空港内で待つ間、乗ってきた飛行機から降ろした荷物をベルトコンベアに載せる、そのわずかな隙間から小学生ぐらいの子どもが入り込んできたのには驚いた。すぐに警官に追い回され、この少年はどこかにまた消えていった。こんな時間に外に出ていて親から怒られないのだろうか。

そして、その日からわずか数週間だったけど、わたしの初めてのアフリカ体験が父と始まった。」

4. こうして父と娘は話し合うことになった。

高校生Fは父と無事帰国し、家族やキキと再会します。

そしてこの夏休みが終わって、彼女は学校生活に戻ります。

Fにとって変わったことと言えば、クラスメートのMのお母さんがパートで働いていた会社が倒産し、Mはもっとバイトをしなければならなくなって休学することになったことでした。Fが約束のお土産を手渡したときに打ち明けられました。でも二人は連絡を取り合い、時々は会うことを約束します。

豊かな日本から貧しい南の国への旅は、彼女にたくさんの発見と、たくさんの疑問を与えました。生きる不安は相変わらず、自分の影のようにぴったりと彼女に寄り添っていましたが、とにかくもっと知りたい、いったいなぜなのかという問いは、いままで以上に彼女を突き動かします。こうした状況のもとで父との対話が始まります。

第一章　いま、世界にはなぜ豊かな国と貧しい国があるのか――

南北問題って何が問題なんですか？

――お父さん、以前、授業で先生が、世界には豊かな国と貧しい国があるから、日本のような豊かな国は、貧しい国を助けなければならないと言っていた。ただ、いまひとつよくわからなかったのは、先生がこの問題は南北問題だといったこと。

地球の南の国は貧しくて、北の国は豊かだということだと、オーストラリアやニュージーランドはどう見ても豊かな国に見えるけど、南半球にある。

「確かにこれらの国は地理的には南側にあるけど、豊かな北の国々のグループのメンバーになっている。だから南北という言い方を、あまり地図の上でこだわると南北問題の大事なところが見えなくなってしまう。」

――南北問題の大事なところって？

「歴史と人間の尊厳だ。」

――ますますわからなくなってきたみたい。まず南北問題と歴史とどう関係があるの。

「南北問題というコトバが国際社会で本格的に登場してきたのは、ここ半世紀ぐらいだ。

　確かに昔から南にも北にもたくさんの国があった。ただこの「北」と「南」というネーミングから国際社会が問題として取り組みだしたのは、近代史という歴史のルーツから切り離せない。」

――歴史のルーツねー。

「ヨーロッパが近代において他の地域を軍事力で支配し、その地域を植民地にした歴史だ。」

——でも支配された地域の人びとは反対しなかったの？

「もちろん「おいらもおなじ人間だ。非人間的なことはやめてくれ」と道徳に訴えたり、武器を取って抵抗した事例はたくさんあるが、当時の列強は圧倒的な力でこれらの声や抵抗を押さえつけた。

その結果、これらの植民地にはひどい貧困や差別が生まれたが、当時の列強の優先的関心は自国の植民地を増やし、そこから天然資源や農産物を運びだそうと競い合うことだった。これらの問題は南北問題とは言わず、植民地問題と呼ばれた。」

——植民地モンダイ？

「世界史で習ったかもしれないが、第二次世界大戦前の世界地図を見ると、いまのインド、インドネシア、台湾、大韓民国、朝鮮民主主義人民共和国、ナイジェリア、コートディボワール、ガーナなどほとんどの南の国々は、英国やフランスやオランダやポルトガルや日本の植民地だった。これらの軍事大国は、すきあらば植民地を増やしたいと力で競い合っていた。つまり植民地は、これらの大国にとって重要な問題だったんだね。ヨーロッパより南にあるこれらの暑い国々に住む人びとは「原住民」とか「土人」など呼ばれていた。彼ら、彼女たちの中には勇気をもって「私たちも同じ人間だ」と平等な扱いを植民地当局に要求したり、抵抗したりした人もいたが、さっきも言った通り力ずくでこれらの動きはつぶされた。」

人間って一回目覚めると簡単には元に戻れないんだ

「しかし第二次世界大戦*が終わって、これらの南の植民地の人びとが自分たちも人間として対等だとさらに強く主張しだした。

第二次世界大戦
（一九三九―四五年）ドイツ・日本・イタリアを中心とする枢軸国陣営と、イギリス、ソビエト連邦、アメリカ、中華民国などによる連合国陣営との間で戦われた、第一次世界大戦（一九一四―一九一九）に次ぐ世界大戦。戦火は全世界に広がり、人類史上最大の戦争となった。植民地を争うつまり、もうヨーロッパの主人に仕える使用人の国でなく、自分たちが決めて自分たちが主人公となる国を要求し始めたんだ。以来、「独立」がキーワードになる。そこから「独立」に向けて、南の「原住民」の戦いが始まったんだ。したがって、植民地を手放したくないヨーロッパ諸国の関心は、第二次世界大戦後には、どうしたら南の「原住民」の自立への目覚めと怒りを抑え込むかに移った。」

——どうやって？　そしてうまくいったの？

「独立を要求するリーダーを牢屋に入れたり、暗殺したり、人びとのデモを武力で排除したりした。だけど結局うまくいかなかった。」

——なぜ？

「人間って、一回目覚めると簡単には元に戻れないんだ。しかも冷戦*という東西対立で当時のソ連（いまのロシア）とか中国といった東側の国が、南の人びとの要求を政治や経済や軍事で助けたという国際社会の力関係も南に有

帝国主義の列強がこの大戦を引き起こしたが、戦争終結とともに、植民地の解放が促された。

冷戦
第二次世界大戦後、一九四五年から一九八九年まで続いた、アメリカを盟主とする資本主義陣営とソ連を盟主とする共産・社会主義陣営の対立。ヨーロッパでは、主に共産主義国が東欧、資本主義国が西欧に集まっていたため、「東側」「西側」と呼んで対立した。ヨーロッパ以外の地域でも、それぞれの陣営が支援する機構や同盟をつくって対立し、世界が冷戦構造のもとで二分された。東アジアでは、今もなお冷戦構造が残っている。

利に働いた。結局多くの南の植民地は独立した。たとえば国連の加盟国は一九四五年に発足したときは五五カ国だったが、一九七五年には一四四カ国と一挙に増えた（二〇一六年八月現在は一九三カ国）。

そこで、いままで国際問題と言えば、いま言った東西問題と呼ばれた米国、西欧と日本という西側とソ連、その支配下の東欧や中国からなる東側との対立だった。南にいくつもの植民地を持っていたヨーロッパ諸国は、植民地問題は内政問題と思ってきたし、国際社会でもそう主張してきた。しかし、これらの「南」の植民地が独立し始めた。一九五五年インドネシアのバンドンで開かれたアジア・アフリカ会議*は、若いアジアとアフリカの国々のリーダーが参加して、まだ残っている植民地の独立への戦いを助けることを決めている。つまり、「南」の国々が、より対等な関係を求めるようになって、新たに南北問題という国際問題が登場することになった。」

——ヨーロッパや米国は無視できなかったの？

アジア・アフリカ会議
一九五五年に開かれた史上初の非白人国家による国際会議。インドのネルー首相、インドネシアのスカルノ大統領、中華人民共和国の周恩来首相、エジプトのナセル大統領が中心となり、第二次世界大戦後に独立したアジア、アフリカの二九カ国が参加。平和十原則が定められた。日本は経済審議庁長官ほか十数名が参加。その後、東西対立とは一線を画す非同盟運動が南に生まれた。

「南に生まれた独立国は、北の豊かな生活を支える原料がたくさんあって、それがなくなると困るので無視できなくなった。要するに、南のかつての原住民が新しい国の国民として自分たちの尊厳を要求しだした結果、いままで問題視されなかった南と北の間の不平等が問題化したんだ。」

「援助をもらってありがとう」から「僕たちの国の主人公は僕たちだ」へと変わった瞬間

――いままで、そんなものか、とあたりまえの景色のように見てきた南の人びとの自己主張が、北の人びとにとって厄介な問題になったということね。南北問題がなぜ歴史と人間の尊厳に関係するかということが少しわかってきた。

「たとえば南の独立国は、国際連合という国際社会では、どんなに人口が少ない小さな国でも、どんなに経済的に貧しい国でも国連総会では一国一票を持てるようになった。植民地時代に北の植民地支配国や富裕国からのチャリティ援助の単なる貰い手だった南の人びとが、自分たちも君たち北の人間と対等な相手だよと人間の権利を突きつけた。チャリティのもらい手から権利の主体へ変わった瞬間だ。」

――権利の主体って?

「自分たちの運命は自分以外によって決められるのでなく、自分が運命を決める当事者になること。権利の主人公になるから主権者と言ってもいいかも。」

「南」というネーミングがもつ力

――ところで、中国はどうなの。経済規模は、いまでは日本を越して米国に次ぐ世界第二の経済大国でしょ？「北」ではないの？

「国際交渉では、中国は「南」の国のメンバーだと主張している。実際、一人当たりの国民所得を見ると、日本の六分の一ぐらいで、一部の大金持ちを除いて、多くの人びとはまだまだ貧しい。」

――でも、アフリカ諸国に大々的に援助している。

「確かに。インドも「南」のグループだが、やはりより経済力の弱い「南」に援助している。ということは、すでに言ったように、南とか北という区分はガッチリとしたものでない。南といっても多様だ。

したがって、昨日の南の国の中には、ぐんぐん経済発展を遂げて、いまでは北の国々に近づいている国はいくつもある。たとえばブラジルとか、インドや中国、南アフリカなどだ。経済的には、まだ北ほど豊かではないけれど、従来の南の国々の中では抜群の経済力をもってきている。だから新興国とかこれらの主な国の頭文字をとってＢＲＩＣＳ（ブラジル、ロシア、インド、中国、南アフリカの頭文字を取っている）などと呼んでいる。これからもどんどんこうした中進国が登場してくるだろう。」

――じゃ、南北問題という呼び方はやめて、別のネーミングにすれば？

「確かに、南北問題という見方は時代遅れだという声もある。モノやお金、情報やヒトが、いま世界中をものすごい量と速さでぐるぐる回っている。このグローバル化*時代には、南とか北といった区分は現実にそぐわないと考える立場だ。」

――お父さんの立場はどうなの。

「お父さんは時代遅れとは思わない。むしろグローバル化で問題がさらにはっきりしてきたという立場だ。

なぜならいま世界を見回すと、貧困や格差は相変わらずなくなっていない。それどころか、世界の最富裕国と僕たちが行ったアフリカの国のような最貧

グローバル化
グローバル＝地球規模化すること。インターネットによる国境を越えた情報交換や、国際的な金融システムの発達など、社会的・文化的・経済的な関連が、地球規模で影響し合うこと。七〇年代から、この言葉がよく使われるようになり、ソビエト連邦が崩壊した一九九一年以降、自由貿易圏が拡大したことで、世界的に広まった。

国との間の格差は広がっている。この貧困や格差の問題を「北」に正面から取り上げるようにさせるには、「南」でまとまることが必要だ。貧しい南の国の中には北に近い国も確かにあって「南」というネーミングが少々あいまいだ。でも強大な「北」と交渉するときは「南」の声として力をもてるのさ。

逆に僕がFやきみたちの世代に聞きたいのは、南北格差というコトバがぴったりこないなら、この国際格差をどうネーミングしたらいいかだ。」

——うーん。コクサイ貧富格差。地球上の不平等。なかなか見つからない。

「ということで、当面こうした地球規模の格差を、南北格差ととりあえず呼ぶ以外にリアルなコトバがないからそうしているのがお父さんの立場だ。特に、南という区分は大切にしたいと思っている。」

——なぜ南にこだわるの？

「世界の弱者がもっとも多く住むのは南だからだ。」

——でもさっきの授業の続きだけど、ある生徒が、格差なら日本の社会にもいくらでもあって、貧しい国を助ける余裕があるなら、まずは日本の格差問題を優先すべきではないかと主張していた。わたしも時々、高校を休学したMのことを考えると、そう思いたくなる。

日本史、世界史、自分史をつなげて考え、話し合ってみよう

――わたしたちからすれば、いま若者の失業や貧困が世界中で格差問題として伝えられているから、一緒につなげて学べるようにしてくれたらもっと身近な関心から学べると思うんだけどな。

「国内格差についてはもう少し後に話し合おう。ただ、つなげて考え、話し合おうとする学びはいまとても大切なことだ。

なぜなら、いまでは、いつでも好きなだけデータは手に入るが、それらを

使って僕たちの時代とこの世界をどう読み取るかという作業は、つなげて考えようと試みることから始まる。よく言われる、グローバル化時代だからなおさらだ。データにたくさんアクセスできることと、学びは同じことではない。」

――ところで、お父さんはグローバル化という言葉をよく使うけど、イメージとしては、ワールドミュージック*みたいな感じ? ワールドミュージックは、国境を越えていろんな音楽をいろんなミュージシャンが発信したり、融合させたりするでしょ? インターネットにもそんなイメージがあるけど。

「世界を駆け巡るのは音楽や情報だけじゃない。さっきも言った通り、モノやお金もヒトもだ。これらがものすごい速さで世界中を駆け巡っているから、ある国のある都市や小さな村で起きたコトも、世界各地で起きる別のなにかとつながっていくことがますます多くなる。

だからグローバル化時代には、日本のような富裕国の中の格差と南北格差、

ワールドミュージック
欧米から見た異文化圏、つまりアフリカ、アジア、東欧、中南米などの民族音楽と、ロックなどの欧米の音楽が融合したポピュラーミュージックの総称。欧米以外のポップスを指すジャンルとして八〇年代初頭から使われ始めた概念。

さらには南の国々の中の格差といったいろんな格差があるけれど、日本の国内事情と世界の事情がますます重なり合ってモノゴトが起きているから、それぞれを別のモノゴトとして学ぶのは、かえって無理がある。確かに、格差の度合いや中身は必ずしも同じでない。しかし他方では、いま世界中に広がっている各国内部の格差問題が、根っこの部分では相互につながっているのは事実だ。」

——学校の授業もつなげて学べたらもっと面白くなるかも。たとえば、いまお父さんが言ったように日本史と世界史。それにできたら先生や生徒の自分史もつなげて。また地理と家庭科をつなげて世界のお料理を試す。体育と音楽をつなげて体育館で世界の民族音楽のダンスコースを開くとか……。

「アフリカ料理だったら少し手伝えるかも。

でもまずは僕たちは北と南の間の格差や貧困を話し合おう。

次に北の中の国内格差と貧困を考えてみよう。

その際、南の友だちの声や主張にも耳を傾けてみたいね。」
——お父さんもアフリカから来た私たちのクラスメートの感想*も読んでね
「わかった。どのようにして二つの世界のそれぞれの格差がつながっているのかを話し合う材料として使おう。」

クラスメートの感想 一六三ページ、掲示板1参照。

第二章　まず二つの格差を考えよう
——国同士の格差と国内の格差

格差って悪いことなの？

——二つの格差を考える前に、格差ってこの頃よく言うけど、人間みんな一人ひとり個性があり、違いがあるでしょ。格差と個性はどこが違うの？

「いい質問だね。その違いをはっきりさせないと、貧しいアジアやアフリカの人びとはみんな、豊かになった日本人やアメリカ人と同じ人間になって、同じ生活スタイルをまねしなければならないということになってしまう。」

——確かに南の国の人びとがすべて英語を話しているわけではないし、日本人みたいにお米を主食にしてもいない。もしかしたら幸せ感も違うかもしれない。

「そういう違いはなくすんじゃなくて、逆にお互いの違いを尊重し合うことが大切になる。これに対して収入や財産や地位による違いから、人びとの間にミゾを生むのが格差だ。それがひどくなると、人びとの間に不満や不公正感が高まる。」

――でも格差をなくしてしまうと、みんな競争しなくなり、人一倍努力した人が損する社会になるって、クラスで言う人もいる。

「確かに、一握りの金持ちとそうでない多くの人びとがいたほうが、お金持ちを見て、自分を貧乏だと感じる人びとが、いつか自分もああなりたいと思って頑張ろうとするから、貧富の格差はあった方がいいという考え方はいつもある。でも、まともに生きられない人びとが増える一方で、お金のある家族に生まれた人は、一生使いきれないほどの財産を手にして、さらに富を増やすことができるんだ。そんな世界はおかしいと思わない？」

——外国映画で、ものすごい豪邸に住んでいる大金持ちが登場して、彼とその一家のお世話をする人が何人もいるのを見て不自然に思ったことがある。食事のときはお料理をテーブルに運ぶだけでなく、お皿にお料理を盛る係までいる。絶えずどこかをお掃除している人もいる。レストランじゃないんだから、お金持ちの彼もその家族も、せめて自分たちですればいいのにと思う。この人たちの世話をする人って、確かにサービス雇用のスタッフと言えばそうかもしれないけど、同じ人間なら、その時間帯は自分たちの家にいて、みんなで食事を準備したり、食べたりできるのになどと考えてしまう。

「格差をひどくするときの経済の仕組みは、富の流れを自分のところへ導くことに成功した少数者と、とにかくなんでもいいから収入になる仕事につかないと生きていけない人びとをどんどん生んでいく。」

——でもそれって誰でも人間は平等に生まれて、なるべく不平等を生まない世界をつくろうとする理想とは違うね。

「そうさ。だけどFのようにおかしいと思うだけでなく、この格差を生む仕組みを考えてみることは、これからとても重要だ。

さて、まずは国々の間の格差を見てみよう。ここで一番大事なポイントは二つある。」

地球の反対側で起きていることが気になるとき

「一つは、地球の反対側で暮らしている人びとも日本でこうして暮らしている僕たちも、この地球に生まれた瞬間からかけがえのない命という点では、みんな平等だということだ。だから、たまたまアフリカや南アジアで暮らす人びとが僕たちよりもつらい生活をしていることを見たり、知ったりすれば、この生活の格差をなんとか小さくしなければと思う。」

——そうだね。学校の授業で、南アジアの農村の貧困対策の仕事をしている市民団体のスタッフから話を聞いたことがあるんだけど、その国の農村の子どもたちは、あまりに貧しくて、学校に行きたくても行けないで、朝から晩まで家族を支えるために手仕事をしているんですって。そのあと、クラスのみんなで自分たちになにができるか話し合ったの。

「「北」の自分たちが、自分たちに何ができるかを考えること、それはまさに他人が苦しいことを知ったとき、自分も同じ人間としてやりきれないと思うこころからくるんだ。」

——では、南北格差を考えるときのもう一つのポイントは?

「次に、どうしたらこの格差を減らしていけるかというとき、解決策は一つでなく、いくつもあるということだ。なぜそんなことを言うかというと、いち早く経済的な発展を遂げた日本を含めた「北」は、自分たちの成功術を「南」

の人びとに相談しないで、いきなりそのまま押しつけようとすることがあるからだ。こうした、助ける側の押し付けや思い込みによる解決策は、結局のところ長続きしないことが多い。」

――要するに「北」でいいことは「南」でもいいと思い込まないで、私たちは「南」の言い分をしっかり聞いて、謙虚になるということね。では、北と南の生活の格差は、どうやって測るの?

「いろんな測り方がある。世界の二〇〇近い国々を、豊かな国と貧しい国に分けようとするとき、国際連合などの国際機関が使う数字は、一人当たりの一年間の収入額だ。たとえば日本はだいたい四〇〇万円以上だけど、アフリカの最貧国は四万円ぐらいで、一〇〇対一の収入格差となる。

ただ、それだけでは、生活のための収入の大小だけはわかっても、命のかけがえのなさに格差が生じていることが見えにくい。その国で生活している人びとの実感が必ずしも伝わってこない。だから命という観点からも格差を考える必要があるんだ。ものさしはお金だけではない。そこでもっとも身近な比較として、生まれてきた一〇〇〇人の赤ちゃんが五歳になるまでどのくらい生き延びるか、という数字がある。*」

――命に格差があるなんて、初めて気づいたよ。こういう具体的な数字がわかると、わたしにも理解しやすい。わたしも世界中のどんな家庭でも、生まれてきた子どもはいつまでも育ってほしい。

命の身近史

「まだFに話したことはないと思うけど、僕はある時期まで、僕の母、つまりFのおばあさんは四人兄弟だと思っていた。しかし実は、もう一人姉がいたことを知ったんだ。というのは、小学生の頃、僕の祖母の家に遊びにいっ

国際機関のデータ
これらの数字は、国連開発計画（UNDP）が発表する人間開発報告を参照。二〇一五年版の日本語概要版が以下のURLで閲覧できる。
www.jp.undp.org/content/dam/tokyo/docs/Publications/HDR/2015/UNDP_Tok_HDROverview_20151214.pdf

たとき、祖母の使っていた鏡台の引き出しをこっそり開けたら、黒い髪の毛の入った封筒を見つけたんだ。祖母にこれはなにと聞いたら、母が生まれる前の第二次世界戦争中に、Cという女の赤ちゃんが生まれたが、飲み水に当たって、下痢でわずか二歳で死んでしまったことを教えてくれた。お棺に入れる前に、彼女の髪の毛を形見として切ったんだって。」

――おばあちゃんには、一度も会ったことないお姉さんがいたのね。でもなぜ下痢ぐらいで死んじゃったの？

「戦争中で薬がすぐ手に入らなかったのと、空襲を避けるために田舎に避難していて、水道もなく清潔な水も飲めず、近くに病院もなかったんだって。ただ、こうしたことは、その頃は他の子どもたちにもよくある話だった。ある友人のお父さんはやはり冬の山村に一家で避難していて、五歳になる息子の熱が下がらず、雪の中を歩いて街に薬を買いに行ったけど、戻ったときにはすで遅すぎたと話してくれた。どうして自分はもっと早く雪道を歩いて村にたどり着けなかったのか、と悔やんでいたよ。」

――清潔な水がない、薬がない、見てくれるお医者さんも近所にいない、病院に行くにも道路が悪くて、しかも車もないので歩く。生まれたての命を守るセーフティネットがちゃんとないということなのね。

「そう。国際機関の調査*によると、アフリカの最貧国は、徐々に改善されてはいるものの、生まれてきた子ども一〇〇〇人のうち、いまだ一〇〇人近くが五歳まで生き残れないというデータが示されている。これに対して日本や韓国で、赤ちゃんのうちに死んでしまうケースは一〇〇〇人中二～三人だけ。これは世界のトップだ。

ちなみに米国は七人だ。

国際機関の調査
日本ユニセフ協会で、国・地域ごと、および世界全体の子どもたちに関するデータを「世界子ども白書」にまとめて公表している。二〇一六年版は、以下のURLで、統計データを閲覧できる。www.unicef.or.jp/sowc/data.html

世界一の金持ち国、米国の人びとの九九％のイミ

——アメリカって世界で一番の金持ち国でしょ。五歳まで生きられない子どもが日本より多いのはどうしてなの？

「国内格差がひどいんだ。いや、耐え難いほどの格差をむしろ少しぐらい放置しておく方が、底辺に追いやられた人が、これはやばいと奮起してお金持ちになろうと頑張る気になるだろう……そんな自己責任の文化が、この国には根強くあるからだ。社会保障というセーフティネットも日本より遅れている。」

——国内格差って、どうしたら私たちに見つけられるの？

「国内の格差を見るのにもいろんな測り方がある。わかりやすい測り方は、測りたい国のすべての所得を高い順から並べて、たとえばトップの一〇％の人びとが全体のどのくらいの所得を占めているか測ることだ。」

――一%対九九%の格差って聞いたことがあるけど。

「米国では一%の超大金持ちが国全体の富の二〇%を手にしていて、九九%は取り残されているという調査結果*のことだ。問題は、この格差がこの頃、縮まないで、逆に広がっていることだ。」

――でも、世の中にはがんばろうにもいろんな理由でがんばれない人っているでしょ。そういう人びとはどうするの?

「とても重要な疑問だ。自分の受験勉強のために人一倍努力して受験競争を勝ち抜き、希望のキャリアを選べた人だけが世界をつくっているのではない。たとえば生まれつき障害を持っていて、健常者にとっての普通の生活を送れない人もいる。でもそういう人びとさえも尊厳をもって生きられる世界を探るのが、格差問題の課題になる。

健常者だって会社で業績が挙げられないと、上司から「君の働き方が悪い」とか言われることがよくある。でも、個人の努力不足だけでは、貧困を生む

＊一%の富裕層が国全体の富の二〇%を握る
仏経済学者のトマ・ピケティらが各国の高所得層を調査し、資本主義は富の偏りを生み出すことを実証した。このデータが、二〇一一年に米国で起きた「ウォール街を占拠せよ」運動に大きな影響を与えた。

すべての格差は説明できない。教育とか家族の環境とか、国や世界の政治や経済の仕組みとか、まさに個人を取り巻くさまざまな側面とつなげて考えないと、原因がよく見えてこない。」

――そういえば現代社会の先生がいつか授業で「人間は貧乏な人として生まれるのではない。貧乏な人になるのだ」と言っていたけどその意味が少しわかるような気がする。

第三章　貧しい国でどう大金持ちが生まれるのか――――

世界の格差

――南北格差に加えて、日本や米国のような豊かな国の中にも、生活や命の格差があることはわかってきたけど、貧しい南の国の中の格差はどうなの。

南の国を旅行したときに、日本ではまず見かけないような大きな家に住んでいて、お手伝いさんが何人もいる家庭に呼ばれたことがあったのを覚えているでしょ。延々と続く塀があって正面玄関の入り口を見つけるのが大変だった。銃を持ったガードマンが二人もいた。庭には大きなプールがあって浮いている落ち葉を一生懸命に取り除く係の人もいた。かと思えば、国際空港の近くには、廃材でつくったトタン屋根の小さい家がいくつもいくつも、見渡す限り密集して広がる地区もあった。訪ねたとき、共同水道の前でポリタンクやバケツを持って女性や子どもたちが長い行列をつくっていた。この貧しい国の内側に広がる格差も知るべきね。

数字不足の南と数字過剰の北

「ただ、問題なのは、測りたくても計算する数字が十分でないし、あったとしても信頼できないこともあるんだ。日本とは逆だ。」

――逆って？

「アフリカの国々は、独立してまだ五〇年ぐらいしか経っていないため、人口や国民の収入や納税などを知らなければならない政府が、資金不足や調査員の不足などで、これらの数字を集める力が不十分なんだ。日本はそのまったく反対に位置している国だ。日本史でも習ったかもしれないが、一三〇〇年以上前にすでに当時の政府が人口や土地を調べあげていたんだ。北の国々の中でも、もっとも古くから国民の財産や収入についての数字*を政府がかなり正確に集めてきた国で、数字不足のアフリカの国々と比べるとまったく対極に位置していて、人びとの生活状況を把握しやすい。ただ、日本の場合は、時々の政府が必要以上に国民・市民の個人情報を一手に集めて、僕らに役立てるよりも、むしろ政府の都合で僕らを一方的に管理する手段として使わないように、しっかりと監視しなくてはならないという問題がある。」

――わたしも学籍番号で自己紹介してしまうことがあるけど、政治的に利用されたくない。

それで、格差のことだけど、私たちの見たアフリカの国の国内格差はすごかった。あの大金持ちはどこから富を得たんだろう。おそらくビジネスで成

国民の財産や収入についての調査
日本では、一九四六年から七〇年あまり総務省統計局によって毎月家計調査が行われている。

功したんだろうね？

「ただ、一言でビジネスといってもいろんな仕事がある。国内の必要なモノやサービスをつくって売って儲けるビジネス、外国に地元の鉱物資源や農産物を輸出して儲けるビジネス。外国製品を輸入して儲けるビジネス。それ以外に麻薬などのドラッグを販売して儲ける違法ビジネスなど、どうやって蓄財したかわかりにくいビジネスもある。さらにわかりにくいのは、政治家が地位を利用して、外国企業からの献金や海外援助を私物化してお金持ちになるビジネスだ。これらの隠れたビジネスは、勇気のあるジャーナリストや研究者がいないと、まずその国の国民や外部の人びとには真実を知ることができない。」

――お金持ちの家を見るのは簡単だけど、どうやってお金持ちになったのかを知るのは難しいのね。

「南で実際なにが起きているかを知るために、僕たちがすべてを見に行くわけにはいかないからね。真実を伝えようと命がけで取材するジャーナリストや研究者の報告*が、いまとっても必要なんだ。」

――アフリカの石油資源大国の元大統領一族が、不正に蓄積した膨大な額に達する財産のことが、最近メディアで流れたけど、政府に都合の悪い真実は隠されたかもしれないね。それにしても、国民が選んだ政治家まで、本来国民のために使うべきお金を横取りしてしまうなんて、国民が知ったら怒り狂わないかしら。

おかしいと思うことを街中で表現する

「南の国では大統領の地位が危なくなるのは、公正で自由な選挙と本人の体調以外に、軍人のクーデタか、汚職や不正選挙に対する国民の怒りが広がり、街頭デモが起きるときだ。」

南の真実を伝える報告の参考文献

たとえば、インドネシアに関して『スハルト・ファミリーの蓄財』(村井吉敬・佐伯奈津子・久保康之・間瀬朋子著、一九九九年、コモンズ)

メキシコに関して『メキシコ麻薬戦争――アメリカ大陸を引き裂く「犯罪者」たちの叛乱』(ヨアン・グリロ著、山本昭代訳、二〇一四年、現代企画室)

アフリカに関して『喰い尽くされるアフリカ――欧米の資源略奪システムを中国が乗っ取る日』(トム・バージェス著、山田美明訳、二〇一六年、集英社)などがある。

――たとえば？

「かつて欧米や日本のメディアで「アラブの春*」と呼ばれた北アフリカのチュニジアとエジプトの街頭デモかな。」

――なぜ「春」と呼んだの？

「街頭デモが始まった二〇一一年の初頭は、北半球に位置するこれらの国では冬だったので、もっとまともな時代が来るかもしれないという希望を込めて春と呼んだ。」

――なぜデモをしたの。

「まさに不正に対する怒りだ。大統領をトップとする政界や軍隊のエリートの特権と警察政治に対して、若者がフェイスブックなどで連絡し合い、逮捕されることも覚悟の上で街頭で意思表示した。」

――デモでなぜ逮捕されるのかわからない。

「日本や米国では街に出てカラダで意思表示することは、ごく当たり前の国

アラブの春
二〇一〇年末にチュニジアで起こった反政府デモを発端とする民主化運動が長期独裁政権を打倒（ジャスミン革命）。その影響は、瞬く間にアラブ世界に広まり、二〇一二年までの間に大規模な反政府デモが連鎖的に発生。エジプトでは、三〇年に及ぶムバラーク政権に終止符が打たれた。

民の権利として認められているからね。勝手に規制したり、禁止したりはできない。しかし南の国では、建て前では国民にそうした自由を認めているが、実際は異なる。現実は自分たちの政権維持に対して都合の悪い真実を知らせようとしたり、それに抗議することは力ずくで抑え込むんだ。人びとは、軍人や警察が少しでも政府にはむかう人びとをどんなに暴力的に扱うか直接見たり、聞いたりしているから、みんな知らないふりをしたり、これらの勇気ある若者たちにかかわらないようにする。」

——そういう国では、みんな政府がおっかないから従っているふりをするわけ？

「そう。昔の中国から来た表現では「めんじゅうふくはい」と言うんだ。漢字では面従腹背。顔では従っているふりをして、腹の中ではそう思っていないことだ。それどころか中には、いかに自分が忠実な「国民」であるかを大統領や政府や与党に示すために、進んで知人や友人の活動をあの人は危ないです、などと言って、内緒で告げ口する人も出てくる。」

――私はそんな裏切りは卑怯だと思うけど。

「でも、はっきりものを言っただけでも政府の命令する警官や軍人に痛めつけられるのを目の当たりにしたら、誰でもおっかなくなる。そこで、保身から積極的に逆の態度を取ろうとする人びとが出てきて、その国の政府は「愛国者」とか言ってご褒美を与えることもあるのさ。もっとも当人はその政権が倒れると過去の密告がばれてしまうかもしれないので、真っ先に国外に逃げようとするが、つかまってしまうこともある。」

――独裁政権はよくないというけど、実際にはそれに抗議する人びとだけでなく、独裁政治や密告政治を自発的に支えている人びともいないと続かないものだというのがよくわかったわ。「アラブの春」といわれている出来事は、おとなしく時の政治に従って協力したり、おかしいと思っていても怖いから無関心を装う多くの人びととの予想に反して生まれたこともわかった。でも、この春はもう終わっちゃたって言われているけど。

「この春は終わっていないさ。確かにチュニジア以外のエジプトやリビア、シリアなどはその後のクーデタや内戦で混乱している。でも、政府の腐敗に対する怒りの中で一度味わった自由と民主主義の尊さの記憶は決して消えないだろう。世界はどこでも、力づくでいつまでも人びとを抑えつけることはできなくなっている。怒りのデモに参加した彼ら、彼女たちは考えることをやめていない。これからだ。」

——ところで、お金持ちの大統領はどうなったの？　外国に逃げたことをテレビで知ったけど。

「チュニジアの元大統領は、コネのあった、やはりお金持ちのアラブの王国にまず家族を退避させ、自分もそのあとその国に亡命した。膨大な富は外国の銀行口座や、国内外の土地や建物などからなっていたけど、国内の土地や豪邸などは運び出せないから、この民主化のデモのあと生まれた新しい政権によって没収された。」

なぜ財産を隠すのか

――国民の富が戻されたというわけね。でもよくわからないのは、たとえお金持ちの大統領でも自国の銀行に預けないという点。なぜ自分が治めようとする国を信用しないで、わざわざよその国の銀行を信用するの？

「南の国々で、なぜすごい国内格差が生まれるかの原因を考えるとき大事な疑問点だ。政治家の場合、決められた自分の給与以外に、自国の資源や市場に関心のある外国企業から献金やあっせん料*をもらう。しかし自国の国民に知られたくないから、ひたすら隠すために外国の銀行口座に内緒に預ける。つまり財産形成が国境を越えてグローバル化しているわけだ。」

外国企業からの献金やあっせん料
北の富裕諸国がつくった経済協力開発機構（ＯＥＣＯ）加盟国は、国際ビジネスで外国公務員に対する賄賂を送ることを違法とする条約を作成し、日本も一九九九年に締結した。条約の概要は以下のＵＲＬ参照。http://www.mofa.go.jp/mofaj/gaiko/oecd/komuin.html

――そうね。もし正しいビジネスでお金持ちになったなら、国民に隠す必要はない。むしろ堂々と自分の成功物語を、将来新しい企業をつくりたい若者たちに話してくれたっていいよね。

「しかも成功ビジネスで申告した収入に対して税金を払うことになるので、社会福祉や教育のために国がより支出できるようになる。もっとも、税金と格差是正の話は、またあとで考えよう。南の国の国内格差を見るときの切り口は少し見えた？」

――うん。格差は一部の特権エリートの権力と富の集中から生まれやすいこと。そして富の源はいまではグローバル化して外国の企業からも来ること。そしてメディアがこの内緒のビジネスの真実を恐怖から報道しないようなとき、勇気あるジャーナリストや若者による真実のための報道や抗議がすごく重要になること。

第四章　わたしたちにとってグローバル経済ってどんなこと？

北では誰もが働いて、誰もがモノをたくさん買えた

――ところで、いままでお父さんはグローバル化という言葉を何回か使ってきた。なんとなくわかるけど、グローバル経済と言われると、わたしにとってすごく難しい話になる。

「少し難しいかもしれないけど、あきらめないでその正体を突き止めてみよう。一九四五年に第二次世界大戦が終わったとき、日本やアメリカや西ヨーロッパの国々がスタートさせた経済と比べると違いがわかりやすい。一九七〇年代ぐらいまではこれらの北の国々は、自分たちの経済のことをし

ばしば国民経済と呼んでいた。英語ならナショナル・エコノミー（national economy）だ。各国の政府は、自分たちの国内の産業を外国との競争でつぶされないように外国からの輸入品に高い税金を課したり、外国企業が自国企業を買い取ってしまわないようお金の流れを規制してきた。いい例が車だ。アメリカやドイツから輸入される乗用車は「外車」と呼ばれ、輸入するためには高い税金がかかるからとても高価で、普通の人には高嶺《たかね》の花だった。その間、国際競争から保護された日本の車メーカーは、試行錯誤しながら国民向けに壊れにくくて、安い車をつくれるようにした。たとえば一九六〇年代初めに発売されたトヨタの「国民車」と呼ばれる大衆車は「パブリカ」という名前だった。パブリック、大衆から来ているんだ。四〇万円ぐらいで買えるシンプルな車で、燃料計もなかったぐらいだ。」

――燃料計がなくて、どうやってガソリンの残量を知れたの？

「理科の実験みたいにガソリンタンクに金属棒を入れて測ったのさ。ただガス欠寸前になると警告灯がついたとのこと。」
――アナログの世界だね。

お金やモノがより多く、より速く回りだす時代

「要するに国内でつくれて、国内で売れるという国民向け経済こそが当たり前と思われた時代だった。企業も国民もどんどんモノが売れるし、買えるし、経済成長という、みんなが食べられるケーキが毎年大きくなるのを喜んだ。でも、やがて原料や人件費のコストが高くなり、「公害」と呼ばれる、企業による自然環境の汚染問題も深刻になった。経済成長を続けるには、国民相手だけでなく、世界を相手とした市場競争で頑張らなければならないという声が、日本や米国やイギリスなどで高まってくる。これらの当時の「北」の

経済大国は、モノやお金が国境を越えて、より自由に、より大がかりに儲けを求めて移動できるような仕組みをつくり出そうとしたんだ。

Fが生まれる前の一九七〇～一九八〇年代ぐらいからだ。はじめは日本経済の「国際化」と呼ばれていたりもした。グローバル経済への方向転換は第二の黒船とも呼ばれた。」

――黒い船？

「一九世紀中頃、アメリカ政府が江戸の政府に、鎖国をやめて自国と友だちになろうという名目で、黒い軍艦で説得に来た出来事だよ。以来、日本は鎖国をやめ、自由貿易というルールでグローバル市場とリンクしていく。その後戦争や各国政府の思惑などで中断したりしたが、ここ数十年でまた本格化したというわけさ。」

――日本史の話ね。ところでいまのグローバル経済の登場で、国民向き経済はどうなったの。

「かつての自動車のように、自国内でつくって同じ国の人がそれを買うことで国民が豊かになる経済は、もうなくなった。グローバル経済はますます互いにリンクして、複雑化している。日本の大企業も、世界の市場競争をにらみながらグローバル化している。また国民も、輸入品を買う方がより安上りに済むから得策だという考えが強くなった。この考えの背後には、グローバル化は時代の大きな流れで、自国の経済も自分たちではもう勝手に決められない、というあきらめもあると思う。ここに来て国民向き経済、ナショナル・エコノミーは過去のもので、自分たちの国の経済はこれからは世界経済全体の一部（ローカル）として、絶えずグローバルな動きに合わせなければ、と外向き経済が当たり前になっていく。」

――この転換で誰が一番得をしたの？

「この新しい波にうまく乗れた企業だ。自動車産業のようなモノ作り企業も国内から人件費の安い「南」に工場を移したりしてグローバル企業になる。

またＩＴ関連企業と金融だ。」

――ＩＴってスマホやｉＰｏｄのことでしょ。

「それだけじゃないけど、要するに情報を伝えたり、カスタム化して秘密にしたり、共有したり、探したり、貯めたり、加工したりしてサービスで儲ける活動のことだ。はじめは米国企業から始まり、西ヨーロッパや日本、中国やインドなどの企業がものすごい勢いで成長した。お金の移動で儲ける金融も、このＩＴ革命のおかげで飛躍的に伸びた。」

――速く伸びる企業があるということは他の企業との差が開くということね。

「その通り。大事なポイントだ。走っている電車の窓から、やはり走っている隣の電車を見たことがあるだろう。窓から見る向かいの電車より少しでも遅いと自分の乗っている電車があたかも逆走しているように見える。この相対的な違いこそ儲けの原理で、この差をつくれることこそが、グローバル経済が回り続ける条件なんだ。ＩＴ革命だって、課金して儲けられなかったらそんなに熱心にならないさ。」

デジタルが広げる格差

――差をなかなかつくれない企業が多い南の国々は大変ね。

「しかもIT革命についていては利用できる人と利用できない人との収入格差も生まれている。これは情報格差とかデジタル・ディバイドなどと呼ばれて、南と北との間の経済格差を生む原因の一つとされている。」

――IT企業をつくればいいじゃない。

「すでに話した新興国では手がけている。ただアフリカのように南の中の南はすぐには無理だろう。なにしろ農業国が多く、情報サービスは利用できるが自前の企業をつくるのはこれからだ。なにしろ、携帯とインターネットこそ都市を中心に確かに普及してきているが、命そのものにかかわる病気を防ぐ、清潔な水道とか下水道の普及さえまだまだだ。」

――ではアフリカのような国は北とのデジタル格差をどう縮めたらいいの？

「当面は、ユーザーとしてうんと利用していくことは必要だろう。そして同時にＩＴ革命の原理を学んで、それを自分たちでも開発できるよう人づくりをしておくことも必要だろう。ただ世界の富のバラツキだけを見るのでなく、前にも話し合ったように、南北格差では生活の格差をまずは優先的に考え、その格差を縮めるために、知恵とお金を絞りだすことが現実的だと思う。」

――でもグローバル経済は、南にも恩恵をもたらしたでしょ。

「かならずしもすべてそうとは言えないんだ。なぜなら、北が第二次世界大戦後の数十年で経験した、国民による国民のための経済は、南の多くの国ではいまだ未完で、グローバル経済の大波にさらわれかねないからだ。地球規模で儲けることを最大の目的とするグローバル経済づくりは、この南の国の経済の優先度を見えなくしたり、壊してしまうことさえある。」

南も豊かにするグローバル経済とは？

——そうさせない方法は？

「二つぐらい考えられる。一つはグローバル経済を支える国際ルールで、なるべく自分たちのペースで経済をつくれように交渉することだ。たとえば先ほどの日本の車メーカーの例のように、政府が自国の実力に合わせて外国に市場を開放するやり方だ。

最近ではＢＲＩＣＳと呼ばれる新興国の経験も参考になる。これらの国もすべて外車輸入を制限しながら自前の自動車メーカーを育てあげた。いまや飛行機さえ輸出している国もある。もう一つは、南の国が一国だけの企業と市場でがんばっても限界があるから、南の国同士がそれぞれ得意な技術を共有し合ったり、投資のお金を融通し合ったり、市場を開放し合ったりする南南協力も大切だ。もう南アメリカ諸国ではメルコスール*と呼ばれる共同市場

メルコスール
南米南部共同市場。一九九一年に発足した、南米諸国における関税同盟。アルゼンチン、ウルグアイ、パラグアイ、ブラジル、ベネズエラが加盟し、ボリビア、チリ、コロンビア、エクアドル、ガイアナ、ペルー、スリナムが準加盟国として参加。ＥＵのような自由貿易市場の創出に向け、加盟国間の関税撤廃と域外には共通の関税の実施を目指しているが、ＥＵとの自由貿易協定交渉は難航している。

もできている。スルとはスペイン語で南という意味だ。今まであまりに頼っていた北の大国、アメリカ合衆国の市場ではなく、近場の国々の市場を立ち上げた。」

――お父さんの解説を聞いているうちに、グローバル経済って南の人びとだけでなく、推進しようとイニシアチブを取る北の人びとにも関係するんだということがわかったってきた。グローバル化って、そんなに急がなくてもいいんじゃない？　だって経済というのは、私たちの毎日の生活を豊かにする手段に過ぎなくて、グローバル経済と言っても、あくまでも人びとの幸せのための経済でしょ。

「よく気づいたね。経済の本来の意味を、あとでＩＴ革命から考えてみよう（第六章）。」

第五章　資源があるのになぜ貧しいのか

資源の歴史は取り合いの歴史

――お父さん、最近、資源が少なくなっているから、日本も資源の獲得競争に乗り出さなければならないとよく聞く。日本史の授業でも、日本が太平洋戦争でアメリカや英国と戦争を始めたのは、米英との関係が悪くなる中で、石油大国の米国が日本向けの石油輸出を止めたことがきっかけの一つとなったと習ったよ。

「太平洋戦争と言ったけど、日本はその前から日中戦争を始めていて、太平洋では東南アジアや南太平洋の島々に軍隊を送って支配したから、正確にはアジア・太平洋戦争だ。太平洋の戦争と言ってしまうと、アジアで唯一、強大な軍事力でアジア諸国を欧米に代わって植民地*にしようとした、当時の日本が見えなくなってしまう。」

――わかった。それにしても資源ってそんなに取り合いするほど大切なの？

「まず資源とはなにか、言葉の整理が必要だ。というのは、人的資源とか知的資源などということもあるが、この場合は人間が生きものとして生きていくためにどうしても必要なモノとしておこう。

Fはどんなモノが生きていくために必要だと思う？」

――お金でしょ。なにも買えなくなったら生きていけない。

「確かにいま、都会でお金がなかったらコンビニにも入れない。ただ、いま世界の資源の取り合いを説明したり、考えたりするにはもっと資源とはなにかについて踏み込んで考えておく必要がある。

二〇一一年の東日本大震災の直後に被災地で人びとがなくて一番困ったの

アジア諸国を植民地に
一九四一年一二月八日、マレー半島への侵攻を皮切りに、日本軍は資源を確保するため、東南アジアへ侵攻。イギリス、アメリカ、オランダ、フランスの植民地だったインドネシア、フィリピン、ミャンマー、マレーシア、シンガポールなどを占領した。日本軍は現地の人びとに対して虐殺や暴行を行い、日本語や日本文化を押し付けて植民地化しようとした。

はなんだった？」

――水、食べ物、料理や暖房用の薪や石油、照明や携帯充電用の電源、それに電池、バッテリー……。

「そう、水、食料、薪は人類史に遡れるが、石油や電力はここ一〇〇年ぐらいから生活のための必需品となった。ということは、資源とは時代と共に変わらない資源と変わる資源があることを知っておこう。」

生きるのに必要な資源とは

――時代とともに変わる資源とはどういうこと？

「昔なら、なくても気にせず生活できたけど、より便利な生活を可能にしてくれる新しい製品が出てきて広まると、それがないとまともな生活ができないと考える人が増えてくる。そこで新しい資源が注目されるんだ。二〇世紀に初登場した自動車や飛行機は、石油という資源なくしてここまで身近な交通手段にならなかった。この資源はいまでも世界中で求められている。僕が父から聞いたのだけど、父の子どものころ、初めて我が家の台所の一角にあるときから置かれるようになった冷蔵庫は、電力がいらなくて、近所の氷屋さんから買う氷の塊を、氷室と呼ばれるボックスに入れて飲み物や食べ物を冷やしていた。いまでいうアイスボックスだね。

また携帯電話やスマホが普及すれば、いままで見向きもされなかった、ある地域でしか取れない部品の材料となる鉱物が、突然希少鉱物資源としても世界中から引っ張りだこになるのさ。*」

――それがなぜ資源争奪になるの？

「水が高いところから下に流れるように、世界の資源も対価を払うお金のある国へ運ばれていく。従来は、生活の便利さをいち早く実現した少数の北の

部品の材料となる土
ＤＶＤ「スマホの真実――紛争鉱物と環境破壊とのつながり」（アジア太平洋資料センター企画・制作、二〇一六年）が映像資料として参考になる。紹介動画も閲覧できる。
www.parc-jp.org/video/sakuhin/wakeupcall.html

富裕国であったが、いまでは富裕国に追いつく新興国とか、ＢＲＩＣＳと呼ばれる中国や、インドやブラジルなども便利な生活確保や輸出製品のために資源をますます必要としてきて、獲得競争が激しくなっている。」

——でも昔みたいに取り合いの戦争にまでいかないでしょ。

「必ずしもそうではないから問題なんだ。たとえばアフリカで、自国に石油などの資源が見つかった国は、地域住民にほとんど相談なく、公正な補償もしないでよそへ移住させたりする。また、外国企業がこの国の政府に働きかけて売ってもらうようにするが、多くの場合、売った国の政府の受け取るお金はその国住民のためにそのまま使われるわけではない。政府関係者の間で山分けされ、そのあと北の国々の不動産に投資したり、北でつくられる贅沢品の購入のために流れ出てしまうことが多い。

するとこの資源輸出の恩恵にあずかれない人びとは、二つのやり方で争いを始める。一つは武力で政権を取って、今度は自分たちが同じことをしたいと考え始めることだ。要するに『国盗り物語』*の現代ヴァージョンだ。もう一つは、資源のある地域の住民が、自分たちのモノだと政府に対して独立運動を始めて、内戦になってしまうことだ。この資源争いでは買い手の北の大企業*や政府が自分たちの利権を守ったり、拡大するために介入する場合もある。

――資源って、ほしがると恐ろしいね。

そういえば、思い出した。最近授業で、アフリカには資源がたくさんあるのに、なぜ貧しいのかと話し合っているとき、帰国子女のクラスメイトが、アフリカの最貧国で働いていたお父さんの話をしてくれたの。ある日、テレビのニュースで、その国の沿岸で大量の天然ガスが発見されたという政府の発表が報道されたんだって。その日の職場では、これでわが国はついに豊かになれると喜んだ人もいたけど、何人かは、この資源の輸出収入の取り合いが始まるんじゃないかと心配し始めたんだって。これで内戦になれば、いままで

『国盗り物語』
司馬遼太郎の歴史小説。一九六三―六六年にかけて『サンデー毎日』に連載された。油売りから身を起こして美濃一国を支配した斎藤道三、尾張一国から天下統一を計った織田信長の生涯を描いた作品。

大企業の社会的責任と行動基準
たとえば、日本の商社のつくる日本貿易会は、企業の社会的責任に対する行動基準・指針を公表している。これは、「守る義務」ではなく「行動目標」というガイドラインである。資源などの取引に関しては以下のURLを参照。www.jftc.or.jp/credoetc/index4.html

貧しいなりにも食べていけた生活が破壊されるから。資源って私たちの生活を豊かにしてくれると同時に、人びとの間に不和を生む魔法の力みたいのがあるみたい。

「そう、なんとしてもほしがる人がいれば、ただのモノでも資源になる。そこに商売で儲けたい人が目をつけると、値段をつけて市場に出すんだ。すると、その資源は商品になる。そう考えるとわかりやすいね。そういう僕らだって、膨大な資源輸入に支えられて便利な生活に慣れているので、いざ資源が高騰したり、途絶えたりすれば、途上国の人びとよりもはるかにパニックになるだろうな。ましてや自分たちの国の領土や領海に石油などが出るかもしれないと聞くと、なんとなくうれしくなったり、またその領土や領海は隣国も自分たちのモノだと主張すると、今度は目を吊り上げて怒り出すかもしれない。」

――資源争奪は他人事ではないのね。どうやって仲良く資源を使えるようにしたらいいの?

「まずは南の資源国の収入が、国民の生活向上のためにきちんと使われるかどうか、国民がチェックできるように透明化することだ。そのためには、それを可能にする民主的な政府を国民が選ばなければならない。強大な資金力や技術力をもって資源を獲得しようとする国際企業の言いなりにならない政府を、国民や市民が選ぶんだ。ただ、アフリカなどの資源国でも多くの場合、自国の人びとに真実を伝える自由なメディアがないと、自国の富がどう外国に持ち出されているか、知ることが難しい。そんな場合、これらのグローバル企業の本社がある国の市民団体やメディアが活躍できる。北の市民や自由なメディアが、これらの企業が南の国でどのように資源を取り出して売っているのか調査したりチェックしたり、公正な企業活動のために監視することも必要だろう。*」

――でも時々わからなくなるのは「資源」、「資源」って騒ぐたびに、これってて「お宝」のことみたいに聞こえることがある。つまり、資源があることに

公正な企業活動の監視
国連決議を無視してモロッコが不法占領している西サハラは漁業資源の豊富な太平洋に面しているが、このモロッコの不法資源輸出を監視し、停止を呼びかけている北欧のNGOネットワーク「西サハラ資源ウォッチ」などがある。詳しくは以下のサイト参照（www.wsrw.org/）。また、西サハラの資源を勝手に輸出することがなぜ不法なのかは『新・現代アフリカ入門』（勝俣誠著、二〇一三年、岩波書店）に詳しい。

は感謝すべきかもしれないけど、限りある資源が安くなったからと言って安心してドンドン使っていいの？　地球上のすべてのモノを資源にしてしまったら、地球は壊れてしまう*……。

「よく気づいたね。決してよくないね。便利さ追及という理由で、資源をいまのように使えば、逆にとんでもないことが起こるだろう。たとえば石油燃料のような資源は、一度燃やしてしまうと、薪として使われる木みたいに、森をつくって再生するというわけにはいかないことをしっかりと知っておくことだ。こうした資源は化石燃料*とも呼ばれ、いずれ枯渇しかねないし、大量に燃やすことで地球環境を破壊してきた。資源をより少なく使い、より環境を破壊しない生活スタイルをいまから探ることが大切だ。」

――なるほど。資源は、まずは国同士でケンカをしないで手に入れることが大切。そして、資源をなんとしても大量に手に入れようと争わなくても立派に生きていける、省資源型の生活スタイルを見つけようとすることが大事な

限りある資源
この疑問の続きは一八〇ページ「掲示板3」を参照。

化石燃料
石油、石炭、天然ガスなどのこと。現在のエネルギー源の約九〇パーセントが化石燃料である。今のまま使い続けると、石油は約四〇年、石炭は約一六〇年、天然ガスは約七〇年で枯渇すると言われている。

んだね。少しわかった。

第六章　クリック操作でお金がお金を生む仕組み
——金融ビジネスが格差をつくる——

金融とはモノかコトか

——金融っていまひとつよくわからない。そもそもお金って不思議。引き出しに入れておくだけなら、減りもしなければ増えもしない。でも銀行や金融会社に預けると増えたり、時には減って損したりする。この間なにが起きるのかさっぱりわからない。そもそもお金ってモノなの、それともコトなの?

「面白い質問だね。いまの多くの経済学者はモノっていうだろう。ほしいモノを手に入れたいときお金で実現する。交換の手段というモノだ。ただ自転車屋さんで買う自転車や、スーパーで買うカップラーメンと違うのは、お金は持っていると金額はいつまでも金額のままだ。自転車は乗ればどこかが減っていくし、放っておけばサビたりする。カップラーメンはいずれ賞味期限が来る。そしてお金は、投資と呼ばれる決めゴトにお金を投げると、増えて戻ってくることができるという不思議なからくりがある。もちろん、ここでも期待通りコトが動かないで損することもある。したがって単なるモノでなく、経済活動というコトがないと、増えることも減ることもできない。」

――手放されたお金は、増えようと目的に向かって走るのね。覚えてる？わたしたちがはじめてハワイに行ったとき、この観光の島ではなんでもお金を払わないと済ませられないので、持っていったドル札にまるで翼がついていて、どんどん飛び去って行くみたいに思えた。ただ、お金はモノを買うためではなく投資、つまりお金を増やすという目的で使うこともあるんだってことには気づかなかった。

なぜお金は増えるのか

「お金は確かにモノ扱いされる。しかしまた、僕たちの生きる二一世紀の世界の約束ゴトにおいてしか、その力は発揮できない。」

――ちょっと難しいけど。

「もし、五千円札が部屋の片づけでひょっこり出てきたらよかったと思うけど、ヤギにこのお札を見せても、紙と思って食べてしまうかもしれない。キモノを着た樋口一葉*というヒトが印刷されている、このお札を一回も見たことのないヒトのいる外国に行って、このお札でお土産を買いたいと言っても断られる。お金には、それがお金だと信じ込ませるチカラが必要で、日本では日本銀行が信用の大もとになっている。」

――昔、国語で読んだ沼倉クンみたいね。

「沼倉クン？　誰のこと？」

樋口一葉
（一八七二―一八九六年）明治初期に活躍した小説家。「たけくらべ」「にごりえ」「十三夜」などの作品で文壇から高い評価を受けた。二〇〇四年、樋口一葉の肖像が五千円札のデザインに起用された。男女共同参画などが注目された時期で、新紙幣の発行に際しては、女性の文化人を望む声が多く、与謝野晶子や津田梅子、平塚らいてう、林芙美子などの候補者の中から選ばれた。

——谷崎潤一郎*の「小さな王国」の主人公。

「ああ、お父さんも小学校時代に読んだことがある。やたらに腕力の強い沼倉という転校生がクラスで頭角を現し、王国をつくり、大統領におさまる。王国は「沼倉」というハンコの押されたお札まで発行し、生徒の間でモノの売り買いができるようになったエピソードだね。それを叱ろうとした先生までがいつのまにか家来になってしまう。先生は生活苦から、このガキ大将からもらったお札を町の商店でうっかり取り出して使おうとしてしまうんだ。そんな結末を、なんとなく恐ろしく感じたのを覚えているよ。」

——お金が増えたり、減ったりするということは、信じるというコトがないとありえないということが少しわかった。

「いよいよ金融と引き出しの中のお金がどこが違うかというFの質問に答えるカギに近づいた。金融とは信じるという想像なくして成立しない。イマジネーションが生んだコトだ。金融商品と呼ばれて、箱に入れてお店に並べる

谷崎潤一郎（一八八六—一九六五年）明治末期から昭和中期にかけて活躍した小説家。近代日本文学を代表する一人で、代表作に『痴人の愛』『春琴抄』『細雪』など。「小さな王国」は、一九一八年に発表された短編小説で、地方都市の小学生を主人公にした物語。

モノに見えるが、アフリカの青空市場で売られるマンゴーみたいに匂いもしなければ、それに惹きつけられて寄っていくハエもつかない。一キロいくらで買える重さもない商品だ。」

株の値段と天の川――どっちを見たらいいの？

――わたしにとって、金融って数字。ゼロを増やすのにクリック一つでいくらでもできる。お父さん、こうして話していくと、わたしより一〇歳上の先輩が教えてくれた高校時代の夏休み前に見た新聞の広告を思い出す。彼女はお父さんから、ネットだけでなく、新聞をしっかり読みなさいとよく言われていたので、お父さんの読む経済系の新聞をたまたま開いたら、「お父さん、お母さんへ」という書き出しの広告があって、子どもたちに向けた夏休みの自由研究テーマとして、株式市場の仕組みを知って、「生きた経済の基本」を学ぼうと書いてあったんだって。広告のタイトルは「親子で学ぶ株式市場の観察」とあって、「夏休みの自由研究は親子で経済を見つめてみませんか」というキャッチフレーズがついている。お父さんとお母さん、そしてその二人の子どもが山並みの上に広がる天の川を見上げているイラストがあるんだけど、面白いことに、よく見ると星雲ではないことに彼女は気づいた。なんだったと思う？　株の値段の動きを示すグラフだったんだって。

「罫線《けいせん》とかチャートのことだね。ローソクみたいだからローソク足といわれることもある。」

――ローソク足？

「時間の流れの中で変化していくので、あたかも立てたローソクが歩いているように見えるからそう呼んでいるんだ。株を売ったり、買ったりする判断によく使われるグラフだ。実際、現代世界では株の値段の上がり下がりは、スターや政治家の人気投票みたいに、いつの時代にもまして人びとが注目するようになっている。」

――ニュースのあとに必ず天気予報と一緒に「株価と為替の動き」が来るね。

「ただ、株価だけで世界の動きを見ることはできない。株の動きに左右されないものだってたくさんある。まさにお天気がそうだよね。天候悪化で作物が不作だったり、洪水で商品の流通が閉ざされたりすると、関連企業は影響を受けるが、株価で天候は変えられない。株価は、もっと儲けたいという人間の欲望の原理に基づいているが、お天気は、自然の法則というまったく別の原理に基づいているからね。」

――なぜ子どものときから株の仕組みを学ばなければいけないの?

「お金がないと生きていけないから、その儲け方を小さいときから身につけておけば、大人になって苦労しなくていいと考える大人の思いやりからだろう。」

――お金をバカにしてはいけないと、よくお父さんも含めて周りから言われるけど、夏休みのときぐらいじっくりカブトムシや星空を観察できるのに、なぜ株価のグラフを見つめなきゃいけないの、とわたしは思うな。

株主の都合、バイトの都合

――ファーストフード店でバイトをしているMから聞いたんだけど、最近、会社の経営陣が店長の手当を削ろうとしたら、従業員がつくる組合から反対されて、結局手当の削減はなくなったんだって。Mによれば、その店長は、とてもこまめでスタッフの言い分を丁寧に聞いてくれる人だそうだから、わたしは手当があって当然だと思った。でもこの手当削減の取り下げニュースは、この会社の株の売り材料になったんだって。その理由は、人件費を削減できないような会社の業績の先行きを、株主が恐れたからとのこと。

変だと思わない？　よく働く人が報われないのに、働かずに株を持っているだけの人のほうがトクをするなんて。

「株式市場の仕組みを知ることは悪いことではないけど、これだけを「生きた経済」の学びと言ったり、「経済学」と呼んだりするのは言い過ぎだ。経済とはもっと広い人間の社会生活に関する領域だ。株の動きだけが経済活動でない。ところで、広告を出したのは誰だったっけ？」

――ちょっと待って、スマホで見てみる。証券会社の加盟する団体。

「証券会社の仕事は株の売り買いが活発になればなるほど手数料を取れる。子どものときから株による儲け方を身につけてほしいと願っているんだね。もともと幼年期から「経済」の仕組みを学ばせようとする、アメリカから来た「経済教育」の日本版だろう。」

経済と政治の違いを学ぼう

――わたしたちは大切な未来のお客様なんだ。

「お父さんとしてはこの機会に株だけでなく、もっと広い経済活動の仕組みを知って、考えてほしいね。また数字データを活用することも大切だ。ただ困ったことに、いまのお金の損得勘定だけで人びとの行動を説明しようとすることが経済学だと思い込んでいる学者が、このごろ結構いるんだ。お父さんも数年前、やはり経済系の新聞で、セピアピンク刷りの若い女性のキャリア向けの広告が目にとまった。「経済学的思考のルール」というコピーが目についた。ここに出てくる経済学的思考とは四つぐらいあったかな。モノゴトのとらえ方にルールないし理論をもつこと、そして数字データを活用すること。この始めの二つは確かにそうだと思ったんだけど、残りの二つは「ちょっとおかしい。それだけが経済でない」と思った。」

――というと？

「三つ目は「ヒトはいつもインセンティブに反応して行動する」。そして四つ目は「この世にタダで手に入るものはない」だった。インセンティブというのは、ここでは「損得」の意味だけど、ヒトは常に損得勘定に基づいて動くと決めつけている。それに、最後のコピーだと、「フリーランチ」はこの世にはないと考えてくださいと主張しているようなものだね。」

タダってそんなにいけないことなんですか？

――「フリーランチ」!?　お昼ご飯がタダで食べられる？

なぜこれが経済学的思考になるの？

「アメリカのバーで、お昼にご飯は無料でドリンク代だけでいいという宣伝があったとき、お客はすぐ喜んではいけなくて、実はドリンク代にご飯代が入っていることを知るべきという教訓だ。なにごとにもコストがつきまとうと覚悟しなさいというメッセージかな。」

――困った人にご飯をタダであげてはいけないという意味ではないのね。

「そういう意味では使われていない。ただ確かに、そこまで考えてみることはいまの世界で大切だ。なぜなら、株だけが経済活動のすべてでないように、損得勘定だけで世界の社会の仕組みは説明できない。繰り返すように、人びとが生活するためのモノやサービスを提供するのが本来の経済の意味とした方が理解しやすい。」

――タダってそんなにいけないことなの？

「もちろんいけなくないさ。持っている人は、困っている人びとに必要なものをあげることができるし、動けない人には元気な人がケアできる。人類の歴史を振り返れば、あげること、もらうこと、お返しすること、すべて人びとが仲良く生きるための大事な知恵だった。」

――それって人間関係の話ね。お金がすべてだという約束ゴトには、わたしは全面的には賛成できない。

「大事な気づきだ。人間はお金で買えないのだ。お金を持つか持たないかで人間の生存を決めることはできない。誰もが人間らしく社会で生きていけることは権利の問題さ。人間が生まれた瞬間から持つ権利と自分が持つお金の大小で測る購買力を区別しなければならない。」

お金がなくても使える僕たちの力とは？

――なんとなくわかるけど、お金がなくても使える権利ってどんなこと？

「もっとも身近なのはなんといっても政治家を選ぶための投票権だな。」

――ヒット商品の人気投票みたい。

「いや違う。ヒット商品を買うにはお金がいるが、政治家を選ぶ権利の方は、投票する個人がどのくらい収入があるとか、親の資産に関係がない。一八歳になれば誰でも投票権を行使できる。」

――お金がなくても、投票で世の中を変えることができるっていうことね。

政治って大人のすることで、なんとなくうさん臭いと思ってきたけど……。

「そう思って政治家にお任せしてしまう人がたくさんいる世界って危なっかしいな。独裁者にとってはとても都合がいいけど。

でも政治が暴走しそうなとき、もうやめてください、って誰が言うんだい？

暴走のツケは、結局はその国の国民・市民が払うんだ。

そんな事態を避けたかったら早めに責任ある声を投票という行動で表明する、これがデモクラシーの政治さ。」

――じゃ、お父さん、まとめてみる。お金で株や投資を通して市場に参加できる世界が市場経済。この市場競争世界ではお金を投資できる層とお金がなくて投資できない層との間の経済格差は大きくなる。他方、お金がなくても投票権があれば参加できる世界がデモクラシーという政治。

「では、ここで経済格差の減らし方に戻ろう。」

第七章　格差の減らし方――税金という接着剤について

税金って誰が決めるの？

――そうね。国内にも世界にも格差があることはわかったけど、どうやったら格差を減らせるかと考えるとき、政治の役割はあるの、って考えるべきね。

「あるさ。いま、日本のような「北」の富裕国では、国内の格差がひどくならないように、税金と呼ばれる国を経由するお金の流れが存在する。これは、議会のつくる法律が決めるから政治だ。議会のメンバーは僕や一八歳になるFの投票によって選ばれる。たとえばビジネスでの成功で得られるお金は、市場を通し、成功した個人や会社の持っている銀行口座にたまっていく。で

も すべての人が成功ビジネス関係者ではないし、また株主でもない。貧困で生活が苦しい人びとや、なんらかの障害で普通に働けない人びともいる。そんな場合、お金に余裕のある人びとや企業からお金をいったん国が集め、次に、さまざまな理由で困っている人びとを助けるのが税の大きな目的の一つだ。」

――もう少し具体的な例はない?

「たとえばいま、生活保護を受ける貧困世帯の数*は、過去最大の規模になったけど、その費用は税金だ。農業を営む人の多かった農村と、サービス業や製造業が繁栄して比較的容易に現金収入が得られた都会の間でかつて存在してきた経済格差を減らすのも、税金が大きな役割を果たした。第二次大戦前、日本の農村は貧困の象徴だった。貧しい農村と豊かな都会というイメージが強かった。しかしこの戦争のあと、この格差と貧困を反省して、農業に多くの税金を配分して、農家の生活の底上げを図った。その結果、農業者の所得と都会で働く人びとの所得の格差は急速に縮まった。

生活保護を受ける世帯数
厚生労働省の「被保護者調査」によると、二〇一六年三月時点で約一六三万世帯。一〇年前の二〇〇六年は約一〇七万世帯で、五〇万世帯以上増加している。

税金はない方がいいのか？

――税金って、一般的に、払わないに越したことはないと考える企業や人が多いよね。

「確かに、企業や大金持ちのなかにも、専門家に頼んで税をなんとかして払わないようにしようと、並々ならぬエネルギーを割いている場合があるね。普通の人びとだって、税金が増えることは喜ばないさ。」

――確かに増税を喜ぶ人ってあまり聞いたことがない。コンビニの値段ラベルを見て、お買い得と思っても、払うとき「消費税」といって多く払う。憲法でも納税の義務（第三〇条）が書いてあるけど、そもそもなぜ払わなければいけないかよくわからない。

「「なぜか」、大事な疑問だ。たとえば誰もが利用する普通の道路とか、火事のときの消防署などは税金によって維持されている。儲《もう》けることを目的とする民間企業に任せたら、お金が払える人にしかそのサービスを提供しない。困るのはお金のない人びとだ。そういうことが起きないように、人びとからいったん国がお金を集めて、そのお金で人びとに無料サービスをする。

昔は「火の用心」と言って住民が近所を回ったりした。

また火事のときはみんなで消火したりしてきた。その維持費のために会費もあった。」

――要するに、税金とはみんなの生活の安全のための参加費と考えればいいのね。

「そうだ。日本の田舎ではまだ火の見やぐら*が残っているのに気づいたことがある？　消防署がなかったころは、火事が起こると近所の家々も被害を受けるから、地域の住民が交代でこのタワーに登って、火事をチェックしたり、協力し合って火事を減らそうとしてきたんだ。

ここで、現代世界でなぜ税を払うのかの根拠について改めて考えておこ

火の見やぐら
地区全体を見渡せるように高いやぐらの上に見張り台がつくられている。半鐘と呼ばれる警報用の鐘がよく設置されていた。

う。昔は王様や、人びとが選んだわけではない権力者が、支配下に置いた人びとから、勝手に、力ずくでお金や農産物などを集めた。年一回納める場合は年貢《ねんぐ》とも呼ばれた。人びとはこの税の根拠を王様たちに聞くこともできず、使い道もチェックできなかった。しかし、いまの世界では王様ではなく、人びとこそが国のモノゴトを決める主権者だから、自分たちが負担した税の使い道を尋ねたり、議会を通じて提案もできる。格差という社会問題についても税の出番であると訴えることができる。主権者であるわたしたちの間に社会での大きな格差や貧困が生まれると、社会や国の一員であるという一体感が崩れてしまう。税には、それを防ぐ働きがあるんだ。」

――社会の一体感が崩れるとはどんなこと?

「日本国内を見てみよう。一方で、たとえば株やビジネスで大儲けした人やその家族がいる。他方で、たとえば会社がつぶれて失業したりして苦しい生活を日々送っている人やその家族がいる。すると一つの社会に経済的に異なる二つの社会層が生まれてしまい、「僕たちの社会」という一体感がなくなるんだ。繰り返しになるけど、市場は競争を通じて勝ち組と負け組を生むが、国が集める税金は、余裕のあるところから多めにもらい、余裕がなくなって困っている人びとも、同じ人間として生活できるように使われる。社会の中で、人びとを互いに引き離すのではなく、逆にくっつける接着剤のようなものだ。」

市場と社会の違いを見つけよう

――市場と社会の違いね。その二つをくっつけて考えるキーワードが税金なのね。

「その通り。市場のルールではお金がチカラをもつけど、格差や貧困のような社会問題については、政治参加という誰もがもつ権利と結びつくと、格差社会を変えるチカラをもつ。」

――税金は政治が決めるのね？

「その通り。繰り返すように、社会の一体感を保つための税金は議会で決めることになっている。その時々の政府と議会のやり取りから、政治的に決定されるからね。政府と議会は僕たちが国政選挙で選ぶ。だから税に関しても、どんな目的でどのくらい税を集めるか、正しく使われたかは最終的には国民一人ひとりの問題だ。」

――いま日本では子どもの六人に一人が貧困状態にあることを新聞インタビュー*で読んだことがある。この子どもとは一八歳以下の子どもたちのこと。そういえば、そこで、児童養護施設に預けられ、大人になって政治家になった人が、当事者の子どもは選挙権がないだけでなく、その親も余裕がなくて、結局子どもたちの声は政治的に反映されない、と訴えていた。それに、シングルマザーの世帯となると、食費さえこと欠く貧困に苦しむ世帯がその半分

新聞のインタビュー
二〇一四年七月一九日の東京新聞に「『子どもの貧困』をなくすために」という、子ども時代に貧困を体験した人や、貧しい家庭の子どもに接する幼稚園の先生などのインタビューが掲載された。

ぐらいに達している、ということもネットで知ってる。

「よく気づいたね。」

――しかも、お父さん、「子ども食堂*」って知ってる？

わたしのクラスメートが、「子ども食堂」のボランティア募集という案内を知って、近所だったからお試しで参加してきたことを教えてくれた。マンションのフロアを借りて、夕食をしっかりと食べられない家族の子どものために、月に何回かボランティアの大人が、ちょっとした参加費でご飯をつくってみんなで食べる活動。このクラスメートが、参加して気づいたことが二つあった、と言ってた。

一つは、親のいろんな理由で、ご飯さえ十分に食べられない子どもが近所にもいたと知ったこと。もう一つはその日、大人も子どももワイワイ騒ぎながら準備したり、一緒にご飯を食べて、あと片づけする時間って結構楽しいということを発見したんだって。

子ども食堂
経済的な事情で、家では満足な食事を取れない子どもたちを支える試み。二〇一二年頃から「子ども食堂」という名前が使われ始め、二〇一六年七月現在では約三〇〇カ所で開催されており、その半数が無料で食事を提供している。「子ども食堂ネットワーク」というサイトには七〇を越える食堂が登録されている。
子ども食堂ネットワーク
kodomoshokudou-network.com/

「なるほど。では次に、この社会の接着剤としての税の根拠を、日本という一国だけでなく、「南」にも広げて考えてみよう。実際、僕たちが見てきたように、「南」の子どもの貧困はよりすさまじい。幼児のとき、食べ物がしっかりと食べられないとその後の成長にも悪影響を与える。貧しくて学校で学べないということは、自分の未来を選べなくなることだ。たとえばアフリカでは、豊かな家族に生まれれば、子どもは「北」の学校に留学できたりして、不自由のない未来を準備できる。」

——アフリカの国から一年間来たファンタ*もそんなことを言っていた。

グローバル経済にグローバルな税金を

——「南」にも大金持ちがいるのを見たけど、南の国の中の格差を減らすた

* **アフリカから来たファンタ** 一六三ページ、掲示板1を参照。

めに税金をもっと取れないの？

「もちろん、「南」の国も人びとから税金を取ってるさ。ただ政府には経済的にまだ余裕がない。前にも言った通り、国内の個人や会社の稼ぐ収入額や持っている資産額も、統計が未発達で正確に把握できないし、政府にわいろを払って税を負けてもらうこともよくある。だから自国の税だけで国内の格差や貧困を減らすには不十分だ。そこで考えられたのが、グローバル経済で活躍する国際企業からのグローバル税という考えだ。」

——確かに、個人の場合、世界中のお金持ちは自分の国にそれなりの税金を払うことを嫌い、しばしば税金がほとんどない外国を見つけて、その国の銀行にお金を預けたり、マンションを買ったりするって、海外ニュースで報じられていたことがあった。*

「グローバル企業にもそういう企業がある。地球規模の南北格差を考えるとき、グローバル化時代にお金が国境を越えたら払わなくて済むというのは、

富裕層の税租回避

二〇一五年に、パナマの法律事務所によって作成された機密文書（パナマ文書）がドイツの新聞社に漏洩し、世界中の二〇万社以上の大企業や、著名な政治家や富裕層がタックス・ヘイブン（租税回避地）を利用して、租税回避をしていることが裏付けられた。

地球を一つの社会にたとえたらそのメンバーとして余裕のあるお金持ちが他の余裕がない人びとを助ける必要はない、ということになってしまう。」

——グローバル・ビジネスにも税を課すということね。具体例は？

「すでに実験というか、具体例として、規模はまだ小さいけどある。たとえば先進国や中進国約一〇カ国は、自国から海外に出発する乗客の航空券に税金をかけ、南の国の感染病の予防や治療のお金をねん出している。一回一〇〇円ぐらいだそうだ。またクリックひとつで大儲けできる株や為替の取引に税をかけようと、日本を含めた北の政府に呼びかける動きもある。その収入を南の保健医療や貧困対策に使う構想を国際市民団体などが各国政府や国際社会に対してキャンペーンしている。国境を越えた経済活動に対して課税して、貧しい国への支援に充てる国際連帯税*という構想もある。」

——ところで聞き忘れたけど、誰が税を取って、どのように使い道のチェックをするの？　いまだ世界政府も世界議会もないんでしょ？

国際連帯税
地球規模で起こる問題に対応するための資金をつくる構想の一つ。以下のサイトで詳しく調べることができる。isl-forum.jp/

「確かにいまの世界の仕組みないし国際関係では世界政府がないから難しい。脱税も減らすことはできるかもしれないが、すぐにはゼロにはできないだろう。いまのところ、このアイデアを共有するいくつかの北の政府が自主的に単独か数カ国でまとまって実施している。でも、できない理由を一〇〇準備するよりも、できる国ができるところから一つでも、二つでも踏み出し、小規模でも実績を積み重ねることだ。地球社会がつくられようとしているいま、その社会の抱える格差や貧困にたいして、税金という再分配*の面でイニシアチブをとるのは地球市民としてごく当然の成り行きだろう。」

税金だけでは格差をつくる仕組みは治せない

――国内格差や南北間の格差を減らす手段として、税というお金を政府が集

税金という再分配
『世界の富を再分配する三〇の方法――グローバル・タックスが世界を変える』(上村雄彦編著、二〇一六年、合同出版)が参考になる。

めて、困っている人びとのために使う原理は少しわかってきた。でも格差って、税というお金の移転だけで減らすことができるの？　というのは、格差は放っておくと大きくなるとしたら、そもそも格差を大きくしないような社会の仕組みというのがあるのかどうか、わたしは知りたい。

「とても重要な点だ。実際、国を通して、余裕のあるところからお金を集めて、余裕のないところへ回すだけでは、格差を根本的に減らせないだろう。もともとグローバル・タックスのアイディアは、前回話し合ったような、金融ビジネスのアクセルを踏みっぱなしにして暴走するといった事態を引き起こさないために生まれたものだ。この税に、暴走を抑制するブレーキ役が期待されたんだ。実際、富を偏在させてしまう仕組みから、逆に格差の生まれにくい、言い換えれば、誰もがそれなりに誇りと個性を持って生活できる仕組みにどう変えていくかは、グローバル化時代にますます重要なテーマとなる。Fと話し合っている「僕たちがどんな世界に住みたいか」というテーマだって、どんな世界の仕組みが貧困と格差を生みにくくするのか、というFの問いに行きつくね。」

第八章　国際協力ってなに――誰が誰を助けているのか――

南北問題イコール国際協力ではない

――わかった。南北格差についてもう少し考えたいんだけど、私たち北の人びとが一番しなければならないのは、貧しい国への援助という国際協力でしょ？　日本は資源がないので、資源が豊富な途上国に、これからも資源を売り続けてもらうために援助が必要だという人もいるけど。

「確かに南北問題イコール援助とか国際協力の問題と思っている人が多い。また、確かに政府の国際協力の広報では、日本は資源を海外に依存し、そのうち途上国に依存している資源も多いから、国民の税金で相手国を援助することによって資源貿易を続けてもらう必要があると説明している。

しかし、国際協力とか国際貢献というコトバは、いま方々でいろいろなときに使われて、なんとなくいいこととされているよね。たとえば日本のメーカーが、国内の人件費より安いアジアの最貧国に工場を移すことも、進出国で雇用をつくってあげるのだから、自社の工場の海外移転は国際協力だと言ったり国際貢献だと言えるようになっている。」

――ということは、お父さんは国際協力はやめた方がいいと言いたいの。

全体像をつかんで問題を考えること

「そんなことは言っていない。なんとなくいい言葉でも、うのみにしないで、本当にそうなのか、そもそもなぜ国際協力なのか、といった、素朴かもしれないが根本的な問いをもち続けることが、いま君たちに要求されているのだ。」

――じゃどんな国際協力ならいいの？

「いや、まず、なぜ南北問題で日本が国際協力や援助をする必要があるのかFに聞きたい。くり返すように、モノゴトは全体像をつかんでから具体的なアクションを考えることだ。またアクションをしていても、たえず自分のしていることは全体のどこに位置しているか、考え続けることだ。とりわけ援助される側の人びとの都合や言い分*には謙虚に耳を傾けることだ。さもないと、わかりやすい目の前の、あるいは与えられた目標の成果だけを実現しようとして、なぜそんなことが起こるのかという問いや、なぜ助けるのかという問いをいつの間にか忘れてしまうことがある。」

――でも、困った人がいるとき助けるのはあたりまえでしょ。

「もちろん。ただこのあたりまえに安心してしまうと、それを支える原則がいつの間にか揺らぐのが見えなくなってしまう。」

援助を受ける側の主張
一七一ページからの掲示板2を参照。

なぜ南を助けるのか？

――では答えてあげる。わたしの場合は、なんていったって、わたしたちの日本では国際援助をするはっきりした原則は日本国憲法の前文に求めたい。確かに原文は読みにくかった。だけど授業で先生が、話し言葉に言い直してくれた。そしてノートに取ったとき、日本ってあの頃、こんなに素晴らしい誓いを立てていたんだと初めて気づいた。

「ノートを読んでくれる？」

（Fは自分の部屋にノートを取りに行き、戻ってくる）

――さあ、読んであげる。

「わたしたちは……世界中の人びとが同じように暴力と貧困に苦しまないで、安心して生きていける権利をもっているんだということを心に刻みたい。どんな国家も「我が国」「我が国」と自国の都合や主張ばかり優先して、よその国や隣の国はどうでもいいと無視してはいけない……。」

「素晴らしい先生がいるんだね。僕自身も憲法にこの前文があるのは知っていたけど、その中身がどんなに現代世界で重要になっているか気がついたのはここ十数年だ。西アフリカのある大学で、アフリカと日本との関係について講演を頼まれたとき、なぜ極東にある日本が、地球の西の果てにあるアフリカにまで、子どもの保健や教育のために援助をしに来ているか、そのわけを説明するために、この前文の英語訳を講堂で朗読してもらったんだ。

講演が終わったら、何人かの参加者が僕のところに近づいてきて、あなたの国の憲法の前文のコピーがほしいと言ってきた。日本がそれほど国際社会で弱者のことを考えることを国の基本精神と掲げていたことは驚きだと言うんだ。憲法を教える先生は、自分自身いままで地域紛争やクーデタのあとに新しい国づくりが始まるとき新憲法の草案準備に協力してきたが、このような前文こそ、いまアフリカに必要だと言いにきた。そうすればアフリカ人は、憲法によって自分たちが選んだ大統領が、その後勝手に暴走しないよう抑え込むだけでなく、隣の国とも戦争しないで、むしろ貧困対策などで協力し合って各国民の幸せを達成しようという心構えが育つのではないかと感動を込めて語った。

こうしたアフリカ人たちの反応にふれて、僕自身が自分たちの国にこんなに立派な憲法があるんだと初めて気がついた次第だ。もっともっと、世界中の人びとに知ってもらいたいね。

日本国憲法や前文は、世界中の言葉に訳されているんだ。いま、東アジアや中東では軍備の拡大競争が繰り広げられていて、日本の平和とも無関係ではなくなっているね。だけど、中国語やアラビア語に訳された前文*なら、こ

日本国憲法の前文
前文の正文は巻末の参考資料iv〜viiページのテキストを参照。日本語、英語のほか、中国語、アラビア語訳も掲載。

れらの地域の人びとに読んでもらって、国際平和について話し合う材料にすることもできるんだよ。」

——言われてみると、ますますこの憲法ってすごいね。

本気で考えた「二度と戦争はしない」というリアルな体験

「あるからすごいのではなくて、この憲法が日本社会で受け入れられた裏には、ものすごい犠牲が払われているんだ。つまり、日本がとんでもないことを起こしてしまったから、これからは二度とそんなことを起こしたくないというリアルな体験に基づいて、自分たちの国と世界に誓いを立てたのがこの憲法だ。」

——そのとんでもないコトって戦争でしょ？

「その通り。これが書かれたのは、アジアと太平洋で日本が始めた第二次大戦が終わった直後だ。三〇〇万人以上の日本人と数千万人の他のアジア人、そして欧米人が、この戦争で死んだ。戦場での殺し合いだけでなく、戦渦に巻き込まれて命を落とした普通の人びともいた。生き残った日本人や残された家族は、もう二度と自分たちの国は理由はどうあれ戦争はしない、あの時代、日本の人びとは本気でそう考えた。僕の父、すなわちFの祖父は東京の新宿で生まれたけど、彼によれば今のJR新宿駅の周りはこの戦争で、目や、足や手を失って日本に帰ってきた元兵士の募金活動であふれていた。田舎の親戚のうちに遊びに行けば、ほぼ必ずと言っていいくらい、戦争で亡くなった父や息子の写真が額に入れて飾ってあった。これからは話し合い、あるいは外交と言ってもいいかもしれないが、武力以外の手段で国際問題を解決すると僕たちの国は誓ったんだ。」

——世界に敵をつくらないようにするという誓いね。

「そうだ。これはよく国際主義とか国際協調とか呼ばれる。もし僕が外国で、日本はなぜ国際協力をするのかと聞かれたら、互いに殺しあう武力による脅しや武力行使による秩序よりも、話し合いで仲直りして、互いに共感できる友だちからなる秩序をつくるために国際協力をする、と答える。もっと知りたかったら日本国憲法をネットや本で読んでほしいと言うね。」*

国際協力とは友達をつくることで戦争をしないこと。敵をつくらないこと

――お父さん、国際協力とは要するに戦争しないことなのね。

「そう。国際協力の中身はたくさんあるけど、まずは、その言葉がもつ、なんとなくいい響きで満足しないで、なんのための協力なのか、しっかりと知ることだ。要するに国際協力とは、突き詰めると、戦争しない世界をつくる

日本国憲法の正文
日本国憲法は、インターネットにも日英で掲載されている。
日本法令外国語訳データベースシステム
www.japaneselawtranslation.go.jp/law/detail/?id=174

強力な手段の一つだ。人を殺すのでなく、人を生かし、ケアする手段だ。この約束で、日本は南の国に対して軍事介入でなく、社会開発や、技術援助で協力してきた。国際連合への資金協力も、加盟国の中で米国に次ぐ二番目の地位にある。世界では自国の武器関連企業が政府と組んで武器輸出を促進してきた。たとえば国際平和問題を扱う国連安全保障理事会の「永久会員」となっている米国、英国、フランス、中国、ロシアはみんな熱心な武器輸出大国だ。武器関連メーカーを国内に抱えるこれらの国は、さらに経済がうまくいかないと、なりふり構わずどこにでも武器を輸出してきた。日本は長い間「北」の先進国の中で唯一自制ルールを守ろうとしてきた国だった。

しかし最近心配なのは、このルールがどんどん緩和されてきていることだ。この背景には、ヒトを殺すことを目的とする戦争のリアリティが薄れて、しばしば安易に武力行使を語る人が出てきていることだ。世界中の国がみな我が国、我が国で張り合ったらなにが起こるのか。

――でも戦争って国が命令するんでしょ。

「その通り。昔は王様や殿様が「さあ、戦争だ」と独断で決めることがあたりまえだった。第二次世界大戦前の日本もそうだった。でもいまは、国民のみが選ぶ政府となっているから、議会で認められなければならない。」

――要するにわたしたちが賛成しなければ戦争はできないのね。「わたしたちは戦争に行かされたり、加担したりするのはイヤだ、国際紛争は話し合いで解決してほしい」と国に言えばいいんでしょ？

「その通り。まさに日本国憲法はそのためにある。国の主人公は国家ではない。国民だ。国家に勝手なことをさせないために国民が国家の暴走を押さえつけるためにつくられたのがこの憲法だ。国家が国民・市民を縛るためにつくられたのではない。

Ｆが読んでくれた日本国憲法の前文の一番初めに、ハッキリと誰が世界の当事者か記してある。」

——でも世界では争いや殺し合いはなくなっていない……。

「確かに、紛争や対立はどこでもいつでも存在してきた。紛争や対立のまったくない世界など気味が悪い。ただ、人類の進歩とは殺し合う武力の進歩ではないはずだ。人類は暴力に頼らず、なによりもまず、話し合いで乗り越えるためにいろいろな国際的な取り決めを実現してきた。敵をつくるより、どうしたら友だちを世界の中でつくっていくか。国際協力は、この問いに答える強力なツールなんだ。そうすることによって憎み合う理由を熱心に探るより、歩みよれる理由をなんとしても見つけようとする努力と知恵が具体化する。」

「すいません」で始まる平和のシナリオ

——お父さんのいまの話って、授業で見たチャップリン*の映画「独裁者」の

チャールズ・チャップリン（一八八九―一九七七年）イギリス出身の映画俳優、監督、コメディアン。多数の傑作コメディ映画を手がけ、「喜劇王」と呼ばれた。「独裁者」は、一九四〇年に公開されたアメリカ映画。チャップリンが監督、製作、脚本、主演を手がけ、ヒトラーの独裁政治を大胆に風刺した作品。

ラストシーンのメッセージみたい。

「お父さんも見たけど。ウーン、確か「すいません。I am sorry」で始まるメッセージだったね。言われてみれば、この映画は、第二次世界大戦が始まった頃の、古い映画だね。だけど、戦争は独裁者一人ではできなくて、敵愾心《てきがいしん》をあおるヘイトスピーチなどに「そうだ、そうだ」と熱狂する多くのファンがいないとできないんだよ。そのことをこの映画は教えてくれているね。ラストシーンのメッセージ*はまさに「そんなことはやめよう」と訴えていて、いまも新鮮な内容だ。」

――ネットで検索してあげる。……あった。読むね。

「……私たちはみな、助け合いたいのだ。人間とはそういうものなんだ。私たちはみな、他人の不幸ではなく、お互いの幸福と寄り添って生きたいのだ。私たちは憎み合ったり、見下し合ったりなどしたくないのだ。この世界には、全人類が暮らせるだけの場所があり、大地は豊かで、みなに恵みを与えてく

*「独裁者」ラストシーンのメッセージ
本文の引用は巻末の巻末の参考資料ⅰ～ⅲページに英語の原文と合わせて掲載。

れる。人生の生き方は自由で美しい。……」

毎日の生活を変えてできる国際協力――これ以上地球を壊さないために

――では地球温暖化を食い止めるための国際協力は?

というのはこの頃都会でもわたしたちの通う山村でも、お天気が予測しにくくなっていることがよく話題になるじゃない。集中豪雨が突然来たり、初夏なのに真夏並みの気温*になったりする。

アフリカでもそうみたい。アフリカからわたしたちの高校に留学してきたファンタも、もともと雨が少なくて干ばつで苦しんだ国なのに、近年豪雨が突然来たりして、逆に土の家が流されたりして洪水被害が出てるって言っていた。早くなんとかしないと大変なことになる。北のわたしたちも、南の人

初夏なのに真夏並みの気温
二〇一六年七月二〇日の日経新聞には「世界の平均気温が最高」という記事が出て、二〇一六年六月の世界の平均気温は、過去一三七年でもっとも高く、観測史上最高気温を記録したと報じられた。

びとも同じようにこの異常気象で困っているんだから、地球規模の問題として考えるべきね。

「最近の異常気象がイコール地球温暖化に直接結びついているか、意見が分かれるところだ。膨大な資源を加工したり、燃やしたりしていち早く物質的な富を築いた北の国々は、それで得た便利さゆえに、いろいろな理由をつけて、お金のかかる対策を先のばしにしようとする。たとえば世界最大の二酸化炭素排出国の米国は、石油がぶ飲み大国だが、そこから生まれたアメリカ式ライフスタイルはアメリカそのものだから交渉の余地はない、といった大統領もいたくらいだ。」

——でも手遅れになったらアメリカの人も困るんじゃない？

「まったくだ。かつて、貧困とは、南の人口増加が食べモノの増産に対して追いつかないから起こる南の問題だ、などという説が北の国から発信され、南の人びとの口を減らすこと、すなわち人口抑制こそが貧困軽減になるなどと説かれてきたことがあった。でも地球温暖化を食い止める国際交渉では、資源を食べ過ぎた今日の富裕国「北」の責任は、明白な事実とされている。「南」という範囲には、途上国だけでなく、従来の「北」に迫りつつある中国やインドなどの中進国も含まれているわけだけど、それらの国々以上に、「北」のわたしたちは、これまで地球環境にずいぶんと負担をかけてきた。だから、「北」には、「南」よりも重い責任を受け入れることや、地球に負担をかけない質素な生活スタイルが求められているんだ。」

――「地球にやさしい」というロゴが多いね。

「子どもが大人になるまでどのくらい資源を使うか、先進国と途上国で比較計算したら、先進国の子どもの水資源消費量は途上国の四〇―五〇倍という結果*が出た。」

――国際協力って、よく自分たちは物質的に恵まれているから、南の恵まれない子どもや大人を助けようと言われてきたけど、日本のわたしたちの生活

資源消費量の先進国と途上国の比較
英国王立協会の研究チームによる報告書があり、東京新聞二〇一二年五月二八日夕刊で紹介された。英語の紹介は、米国の地球研究所のブログで見られる。
http://blogs.ei.columbia.edu/2012/04/27/population-consumption-and-the-future/

スタイルを変えることも国際協力なんだ。でも言うのは簡単だけど、大変みたい。便利さの放棄でしょ？

「生きることはただ便利さの追求で、それがしあわせのすべてだと考えるならそうなるね。」

——ということは、なにがしあわせかという考え方の問題？

「ぼくたちの文明は「進歩に継ぐ進歩」をいつのまにか期待してきたけど、このまま続けたら、いったい地球はどうなってしまうかという問いを、あまり考えてこなかった。いま立ち止まって、僕たちの毎日の働き方、買い方、捨て方など生活を丸ごと総点検して、もう一度「進歩」ってなんだろう、と考えるとこまで来たのさ。国際協力の根拠は、開発エコノミストや政治家にお任せするにはあまりに重要なテーマだ。ぼくら一人ひとりが問わなきゃいけないテーマだ。」

——それって、資源をリサイクルしたり、あまり使わないようにして我慢するとか、不便に慣れること?

「必ずしもそうでない。より少ない資源でより多くのしあわせが実現できるというコトを発見してみよう。モノよりコト、持つより居ることにしあわせを感じる人びとが増えると世界は少しずつ変わるだろう。」

——PC、携帯、スマホ、洗濯機、クーラー、掃除機、冷蔵庫、などなど……。あれもこれも必要。

「便利さを放棄して我慢モードに入れというのではない。便利さの追求がそれ自体目的になって、それを購入するために労働時間に追われてしまう生き方が、お父さんから見れば、結果として限りない経済成長で明るい未来が取り戻せるという持続不可能な夢を抱かせている。地球環境の破壊は確実に進んでいるのに、人びとはモノを増やして、買い続けて、なんのための便利さかわからなくなっている。本来ならばぼくたち「北」の富裕国はまさに「南」より早く便利さを実現するさまざまなモノやツールを手に入れた結果、浮いた自由時間をもっともっと贅沢《ぜいたく》に使える時代に入ったんだ。たとえば好きな音楽を聴いたり、好きな友だちとボーッとしたり、読みたい本を好きなだけ読んだり、みんなで何時間もかけて手づくりの料理をつくったり……。」

——それなのにみんな忙しい。大学に入ってもバイトで忙しいと聞いたことがある。

「白黒テレビ、洗濯機、冷蔵庫は戦後の一九五〇年代に家庭に普及し始め、一九七〇年代には日本のほとんどの家庭に備わっていた。生活の豊かさの象徴で「三種の神器」などとあがめられたぐらいだ。この洗濯機や冷蔵庫に電気炊飯器や掃除機など家庭用電化製品は主婦を家事から解放し、自由時間をつくり出すと宣伝された。でも実際はそうはいかなかった。」

——主婦ってお母さんのこと？　よく求人広告で「主婦パートさん探しています」なんてあるけど、シングルマザーは入らないの？

「いい質問だね。この言葉を使うとき、自分も気をつけなければならない。

あの時代もいまもすべての女性が主婦だったわけでない。男性は会社で「サラリーマン」として働き、女性は家庭で家事を切り回すというあの時代の代表的な生活パターンに登場していた女性として理解すればいいのかな。」

とても便利になったけど、なぜ忙しいのか?

「もちろん共同生活で女性だけが家事労働すべきとは思わないが、問題は家事の時間を短くしてくれるこれらの便利マシーンが、かならずしも自由時間を増やさなかったことだ。実際は、新たな便利製品や、機能が増えたりモデルチェンジしたリニューアル製品が次から次に出て、それを買わねばと思うようになる。そして買うための現金収入がますます必要になった。

たとえば電気洗濯機だ。かつて洗濯機は洗う槽《そう》と脱水する槽が別々になった二槽式と呼ばれるタイプが主流だった。作業が終わると「お知らせブザー」が鳴るようになっていて、それなりに便利で使いやすかった。しかも、いろんな動き方をする洗濯中の水の渦巻きも、のぞけば目で観察できた。でもいまは、白いボックスの窓に入れてすべて終わる全自動が主流だ。この間、二槽式がまだあるかと思って、量販店に見に行ったんだ。お店の人が、まだ製造しているけど買う人が少ないので取り寄せになると教えてくれた。値段は三万円ぐらいで全自動の一〇分の一だった。二槽式で満足しないと一〇倍の現金収入分働くことになるのさ。

便利さによる自由時間の増大よりも、新型製品を買うためのより多くのお金を追い求めることでますます忙しくなったと言える。」

——教科書では戦後の経済成長のおかげで豊かになったと書いてあるじゃない。

「過去はそうだった。しかしいま問題になっているのは、成長への期待が一人歩きしてしまっていることだ。Fと話した国際協力と同じさ。なにかいいことと思って、それ以上考えなくなってしまうんだ。でもなんのための成長か、いつも考えよう。格差が広がる中で、より多く稼ぎ、より多く消費し、より多く捨て、環境は壊され、みんな忙しくなることはしあわせなのかという、ごく簡単な疑問をもつ時代になったんだと思う。」

——でも経済成長がなかったら失業が増えるというじゃない。

「南の国では経済成長によって、まだまだ尊厳ある生活のためにモノやサービスを生み出さなければならない。でも日本のような「北」はいままでのような経済成長がなくても、しあわせを求める条件が整っている。日本人一人当あたりでモノやサービスを買える収入は、過去三〇年ぐらい見ても四倍も増えた。でも労働時間は一割ぐらいしか減っていない。これはどういうことなのだろう。その間日本人の平均寿命は戦後の五〇歳ぐらいからいまでは八〇歳を超えたが伸び率は六割ぐらいだ。ということは手に入れた便利なモノやコトや情報が増えたところで、そのために自由に使える一人の人間の時間はそんなに増えないということだ。」

――お父さんの話を聞いていると、なんかお金を使わないほど、欲しがらないほどしあわせになると言っているみたい。

より少なく消費して、より幸せになれる

「まさにその通り。ただ我慢しろと言っているのではない。お金は目的のための手段に過ぎない。すぐには無理かもしれないが「より多く」という僕たちが信じてきた成長マジックのからくりを見抜き、「より少なくすると、逆によりよい生活が実現する」という新しい方程式をみんなで考える時代になったんだ。豊かさは、もう量の問題ではなく中身の問題になったと言ってもいい。」

――具体的にどんないいことがあるの？

「まず、新しいモノを買うために忙しく働く必要がなくなる。その結果、より自由時間ができて、好きなコトをする時間が増える。そして買うモノや、捨てるモノが少なくなるから、環境への負担も軽くなる。」

――それならいまのわたしたち一家の生活とあまり変わらないね。

「僕たちは気づくことができた。モノはなるべくありわせで済まし、コトを大切にするために、あまり忙しくしない生活を求めてきたからだ。忙しさは気づきの最大の敵なんだ。

そして世界を丸ごと考えてみるんだ。

南北問題だって、誰もがモノを最大限求めれば、資源の取り合いになるし、領土の取り合いにまで発展することがある。そのときもう一度、考えてみる。人同士が力づくで資源を奪い合う世界は、僕たちが生きたい世界だろうか？」

――わたしは、人が人をケアできる世界に生きたい。

第九章　すべての人びとが食べられる世界とは。——A table for all——

一人で食べるのか、みんなで食べるのか

——クラスには、お昼休みに食べたくないと言って、隠れてスホマをしている同級生がいたけど、アフリカ旅行から帰ってきてから、わたしは、食べることがとっても大切なことだと思うようになったの。

「どんな場面でそう感じたの？」

——わたしたちが滞在したアフリカの都市では、道路には食べ物屋が立ち並んで、野外市場では必ず野菜や果物や穀物などが山積みにされていた。いつもなにかを食べている人びとがいた。アフリカ人の家庭を訪ねると、もう食

事をしたかとか、食べていきなさい、とよく言われたじゃない。

「そういえばアフリカの家族ではみんなで一緒にワイワイ食べることが多かったね。」

——コンビニにお弁当やいつも温かい揚げ物が並ぶようになった代わりに、なくなったモノとコトについて、あるクラスで先生が言ってた。一つは台所で調理する必要がなくなって、火とか包丁との接触がなくなったこと。もう一つは、食べ物が好きな時間にコンビニで手に入るので、家族が食事を一緒に取る機会が少なくなったということ。

「確かに、世界中の家族やコミュニティーで、食べることはただ食欲を満たすだけでなかった。いまもそうだ。みんなで食物を分かち合うという時間帯でもあって、リアルなソーシャル・ネットワークの確認の機会だった。」

——ただ、よくわからなかったのは、学校の授業でよく、アフリカなど南の国には飢えた子どもたちがたくさんいると教えられたけど、今回のアフリカ旅行では、そうした子どもたちには出会わなかった。よくテレビなどで見る、裸足の飢えた子どもたちはどこにいるのかと思った。

見ようとしないと見えない飢え

「いい疑問だね。なぜなら、今日のアフリカでは、わたしたちのような普通の旅行者はまず飢えた子どもに出会うことがなくなっている。しかし、いまでも干ばつや洪水や戦乱が起これば家を追われたり、暴力を逃れようとする飢えた子どもや家族が、避難民のキャンプに押し寄せてくる。これらの飢えた人びとのことは、国際援助機関やジャーナリストの報道で私たちは知ることができる。ただ、メディアが気づかないか、戦乱のため危険で近づけない地域では、世界の誰もが知らないうちに、飢えで死んでいく人びともいる。」

――たとえば？

「一九九〇年代末、アフリカのコンゴ民主共和国の東部では、地域の内戦から避難しようとして、森に逃げ込んだ大勢の住民がいたんだ。国際的にメディアが注目しない中で米国の市民団体は、内戦を逃れようと森などに避難し、主に飢えと病で死んだ人びとの規模は五〇〇万人以上と推計*した。

――飢えの問題は戦争の問題とつながるんだね。

「その通り。第二次世界大戦で亡くなった日本の兵士たちは約二三〇万だったが、その原因の六割は銃弾などではなく、食料不足だったという*。よく「飢えの大陸」などと呼ばれるアフリカだって同じだ。深刻な飢えが起きる原因の大半は、内戦などの武力紛争だ。」

コンゴの内戦時、飢えと病による死亡者数
米国NGO国際救援委員会（IRC）は忘れられた戦争の忘れられた犠牲者について報告している。https://www.rescue.org/country/democratic-republic-congo#what-caused-the-current-crisis-in-congo

日本の兵士の約六割が食料不足で亡くなった
『餓死した英霊たち』（藤原彰著者、二〇〇一年、

飢えをなくすには戦争をなくす

――飢えをなくすには戦争をなくすことが第一なんだね。そういえばどこかで、「平和」とは、漢字で平等の「平」と、稲を意味する禾偏《のぎへん》に口の「和」で、お米が口に入る状態を指すから、「誰でも食べられるコト」を表していると聞いたことがある。

もう一つ質問。

「どうぞ。」

――以前テレビで南の国の都会で、パンやお米の値上げで、「これじゃ、おいらは食べれない」と叫んでデモをしているニュースを見たことがあるの。だけど、デモをしている人びとは、普通に服を着ていたし、裸足の人は見たことがないよ。私は、「食べれない」ような人は、飢えて、着の身着のままなものだと思っていたけど、あの人たちは本当に貧しいの?

青木書店）に詳しい。元陸軍軍人である著者が、第二次世界大戦の戦場の実情を分析し、日本軍の戦没者の過半数は餓死であったことを明らかにした。二〇一六年八月二五日の朝日新聞関西版の夕刊には、南の島に送られ、食料不足で亡くなった日本軍兵士の最後の日記が掲載された。（二〇一六年九月二四日の朝日新聞夕刊東京版に再録）

食べ物があっても『食べられない』

「戦争や天災で起こる食料問題も、貧困で十分に食べられなくなる問題も、どちらも同じ食べ物問題だけど区別する必要がある。貧困からくる食べ物問題は飢えというより、食料などの生活必需品が値上がりすることからくる生きにくさを「食べられない」として抗議している。

「食えない」と抗議している人びとは、一見みんなちゃんとした服を着ているけど、貧しい国に行けば行くほど、毎日の生活を支える支出に占める食費の割合は、とても大きくなっている。アフリカなどでは家計の六割以上といわれている。日本のような富裕国では多くて二割くらいだ。

したがって、食費が上がることは、より少ししか食べないようにするか、家族全体が学校に行く費用、病気のときの出費などの生活を切り詰めなければならなくなる。値上がりのショックは生活に余裕のある「北」と余裕のない「南」とでは、同じ重さをもたない。

しかも、Tシャツやスポーツシューズなどは世界中に氾濫していて、着ているものだけで、その人が貧しいのかどうかはわかりにくくなっている。

ただ、生活必需品の中で食べ物の値上げは貧しい人びとの生活にとって特に苦しいんだ。

——日本なんて、コンビニのお弁当の残りを捨てるほどお米がたくさん取れる。日本のお米を南の食料不足している国や人びとにあげるためにもっとつくればいいというクラスメートもいたけど……。

「助けることは悪いことでないけど、南の国の人びとがすべて日本のようにお米を食べているわけでない。小麦パンやトウモロコシをゆがいたものや、おイモ、さらにはバナナまでも主食となっている国や地域もある。」

——じゃ、なにをあげたらいいの。

「確かに、国際援助機関のサイトなどでは、世界の食料不足人口は世界に一〇人ないし九人に一人などと援助や寄付を訴えている。そして「北」の富裕国では大量の食料が捨てられ、過食や肥満で悩んでいる人びともいる。欠食の「南」と過食の「北」が同時に存在しているのがいまの世界だ。そんな中で「南」で起きる洪水やかんばつや戦争で、人びとが食べられなくなっているときの緊急援助は必要だ。とにかく、生き延びるために栄養を摂らなければならない。そのためにはあげなければならない。

でも、さっきFが尋ねたように、「南」の国の人びとが食費の値上げで抗議しているのは、自然災害の被害者として街頭に出ているのではない。むしろ、食費などの物価高で、生活が一層苦しくなっているからだ。外国の食料援助を要求しているというより、生活苦を軽くしてくれるよう、自分たちの国の政府に要求しているんだ。

――じゃあ、「北」のわたしたちは、なにもすることがないということ?

「そんなことはない。ただ、どうしてあげられるかを考えるだけでは、なぜもらう側が困っているのかという原因を考えなくしてしまう。また同じことが起きてしまうかもしれない。原因をどんどんさかのぼって考えること、それがいま、ものすごく必要なんだ。」

つくれない、買えない、もらえない

──「原因をさかのぼる」などと言っても、わたしたち子どもにどうやってわかるの。

「じゃ、一緒に考えよう。ある地域の人びとが食べられない原因は、ざっとまとめて三つ考えられる。まず、さっき言った、天災や戦争や病気で食べ物がつくれないとき。または食べ物を与えてくれる家畜が倒れてしまったときなど。これは、農民や牧畜民など、農村にいる人びとの場合だ。次に、主に「南」

の農村でも都会でも、農業以外の仕事で生活を支えている人びとの収入が充分でないために、一家のためにパンやお米をちゃんと買えなくなっているとき。そして、天災や戦争などの災害が起きて、外国からの援助がもらえないときだ。」

——つくれない、買えない、もらえない。その三つね。ということは、食料が高くて困っている国は、世界で一番安くたくさんつくれる国から輸入すれば、貧しい人びとにも買えるようになるんじゃない？

「そういうシナリオも考えられるけど、現実的じゃないな。南の国の圧倒的大多数は農村に住んでいる。アフリカでは総人口の六割以上だ。安い輸入食料がどっと入ってきたら、これらの家族の農業はつぶれてしまう。村を去って都会に行ったところで新しい仕事が見つからなかったら、どうして食べていけるだろう。」

——ではどうしたらいいの？

「僕たちの国の歴史がとても参考になる。」

――日本史の授業みたい。

「その通り。身近な歴史で世界の問題を考えるんだ。

第二次大戦が終わったとき日本人の二人に一人は農業を営んでいた。誰もがお米を食べられるようにするため、すなわち、自分たちの国でつくって、国内の人びとが買えるように二つの工夫をした。

一つは、戦前までしばしば貧困の象徴であった農村を豊かにする仕組みをつくった。具体的には、誰でも耕せる農地を持てるようにした。戦前は農地をたくさん持つ大地主が、農地を失った農民を高いレンタル料で働かせていた。農地のオーナーは自分で田んぼに入らなくても、多くの土地なし農民を働かせて食べていけた。だから、土地なし農民の反貧困の戦いはレンタル料の引き下げだった。でも、当時の政府は大地主寄りだったので、農村の貧困は残り続けた。」

安い労働、プランテーション

──地理の授業で「ラテンアメリカ、ABC。アルゼンチン（Argentine）、ブラジル（Brazil）、チリ（Chile）。安い労働プランテーション」とか暗記させられことがあるけど、戦前の日本の農村も、ひどい格差があったのね。

「南アメリカはヨーロッパの植民地だったので日本とは違うけど、世界中の農村の貧困のルーツを探るとき、農地は誰のモノかを調べることは大切だ。

さて、戦後の日本はこの反省に基づき、だれもが農地を持てるようにしたため、たくさんの小地主が生まれた。* みな、自分たちがつくった農産物は一〇〇%自分たちのモノになるので、働けば働くほど収入は向上した。それに政府はお米を輸入しなくて済むように、お米の生産者たちの手取りでそれなりに食べていけるような価格を保証した。と同時に、都会人も買いやすいように価格を別に決めた。農民から高く買って、都会人に安く売れば普通のビジネス

農地改革
一九四七年、GHQの占領下で行われた農地の所有制度改革。政府が地主から農地を安価に買い上げて、実質的に耕作していた小作人に売り渡した。それまでの小作地の八割に及ぶ農地が小作人に譲渡され、戦後日本の農村はほとんどが自作農となった。

では損をすることになるが、食べ物をつくる人も、買わなければならない人も、みな食べていけるようにするために税金で賄った。」

――税金って、みんなが食べていくために使われていたとは知らなかった。

「「北」の国々で、自国の農業の生産者や消費者を守るために税金を使わない国は一国もない。」

――でも、格差を減らすための税金の役割をお父さんと話したとき、同じ質問をしたけど、普通は払いたくないでしょう?

「もし税金による生産者へのサポートをなくし、食べ物をつくる農業をなくしてしまったら、日本ではなにが起こるだろう? その場合、輸入食料に頼ることとなるね。確かに、海外市場で農産物以外のモノやサービスで儲《もう》けられる間は、そのお金で安い食料を輸入すればいいから、経済的には得をするだろう。しかし、食べ物を売ってくれる国に戦争や干ばつなどが起きて、自国民のための食べ物優先で、日本にまで売ってくれなくなったらどうするのだろう。生産者だって生活基盤が危なくなったら、抗議して政治問題となるだろう。」

——農業の生産者って政治力があるんだ。

日本の農民が貧しかったのはなぜ？

「まさに日本の農業の貧困脱出の歴史で、三番目に言おうとしたことにつながる。貧しいという状態にあるとき、一人で声をあげても相手にされない。貧しい状態にあった農民が、農村社会で一緒になって助け合い、ともに声をあげて初めて農村の貧困という社会問題が、国全体の政治問題になり、政府は無視できなくなる。日本の場合、戦前からあった農民運動は、先に見た農地の民主化の中で戦後さらに政治的な力をつけたんだ。これは南の国の農村の貧困問題に取り組むとき、とても大切な点だ。農民が貧しいのは彼ないし彼女、その家族の働き方が昔ながらだからではない。なによりも農民が団結して、自分たちの生産技術や生活の改善を政治的に反映させられていないからだ。政治的に発言権をもてば農業の技術改善だって、立派な種子の普及などいろいろ公共サービスが実現する。」

——でもいまの日本の農業であまりそんな話を聞かないけど。

「その通り。まさに日本の戦後の貧困脱出策が、これらの政治的工夫で成功したからだ。そしていまの日本の農業、というより「農」と言った方がいいかもしれないが、いま、別の課題と夢が出てきている。* これはいずれ話そう。」

——まとめると、日本の農村が貧しさから抜け出したのは、農地の民主化、政府の食料価格制度、農民の団結ということなのね。

「南の国の農村の貧困に当てはめて考えてみようか。」

「農」の新たな課題と夢
仕事に忙殺される都会での働き方に疑問を感じ、農の営みを通して多様な働き方を模索する新しいライフスタイルを選ぶ人が、地方で増えてきている。具体的な事例のレポートとして、『田園回帰がひらく未来——農山村再生の最前線』(小田切徳美、広井良典、大江正章、藤山浩著、二〇一六年、岩波書店)などがある。

土地は耕す者へ

――まず、農地は耕す者に与えられることが必要だね。

「つまりお金で農地を大量に買い取り、そこで自分では働かないで、貧しい農民や移民をただの労働者として働かせて大儲けできるような仕組みをなくしていくことだ。つまり、いまでも多くの南の国の農村のように、家族が中心になって、自分たちの土地で生産し、技術や生活改善できるような仕組みを守ったり、強めていくこと。」

――次に、政府が税によって、誰でも自国の生産者がつくった食べ物を食べられるようにすること。

「南の国の中には、外国の安い輸入食料に頼るあまり、自国の農民はつくる意欲をなくしてしまった国もある。そして、小麦やお米などの輸入食料の値段が上がると、都市の住民の生活は悪化する。ただ、南の国の政府の税収入は限られているので、北のヨーロッパや北米や日本のように大規模な政府援助はできない。その場合、北の政府や国際機関、NGOが、南の家族農業が都市住民の分まで生産できるよう技術や資金面でサポートできれば、とても役に立つだろう。」

――三つ目は、自国の食料生産を支える農民自身が自分たちの問題を発見し、助け合い、自分たちの声を政治的に伝えることね。

「農民の声が、自国の政府にはっきり伝えられることは重要だ。そうでないと、お金に余裕のある北や新興国の大企業が、自分たちの食料や農産物の原料を南から安く手に入れたり、輸出して儲ける農地開発ビジネスを行おうとするとき、南の国の政府が乗っかってしまう危険がある。そうすると農民は、自分たちの生活を楽にするより、外国企業の利益を優先する「おもてなし国家」の犠牲者になってしまう。

世界の食料と農業を研究したり、提言したりする国連機関はすでにアフリカなどでの企業による大規模な農地探しを心配して「土地争奪か」というタイトルでレポートを出した*ぐらいだ。」

――お父さんの話を聞いていると、世界の常識になっている自由貿易のルールはよくない、って言ってるように聞こえる。

競争ルールの原理と実際

「自由貿易がすべて間違っているとは思わない。世界の国々や各生産者が自由に一番得意なものを作って輸出し、得意でないものは輸入で済ませば、交換するモノの全体量は増えて、みな満足するというのがこの競争ルールだ。儲けられる企業にとっては、いや、競争で勝っている企業にとってはとても使いやすいルール*だ。ただ、僕たちは世界の貧困と格差をどうなくすかとい

国際機関のレポート
FAO（国際連合食糧農業機関）日本事務所が出した二〇〇九年五月二五日のプレスリリースで、アフリカでの大規模な土地取得は貧しい人びとにとってリスクとなる可能性を警告するレポートの要旨を発表した。http://www.fao.org/fileadmin/user_upload/FAO-countries/Japan/docs/press_090525.pdf

グローバル経済を促進する国際ルール
代表的なものを二つ紹介する。
1．世界貿易機関（WTO）を設立するマラケッシュ協定
www.meti.go.jp/policy/trade_policy/wto/wto_

う点から、食料とそれをつくる農民の生活改善策*を話し合っている。たとえば、南の生活改善策の一つとして、フェアトレードという取り組みがある。フェアトレードは、小生産者を支える、より公正な貿易を目指していて、ただ安ければいいというルールには基づいていないんだ。実際、食べ物づくりを支える農業は、ただグローバル化すればいいという考えにはなじまない。農業は人類の歴史で、自然環境を相手にしてきた。世界各地のさまざまな気候や山あり、谷あり、川あり、といった多様な地理に適応した農が、工夫を重ねながら営まれてきた。自然条件や季節に関係なく、お金と最新技術だけで工場生産される工業製品や、ＰＣの前でマウスとクリックひとつでビジネスができる金融商品とは決定的に違う。」

――ということは、いま大量に食料を輸入している国は、消費者にとって少々高くついても、自前の食料生産をした方がいいということなの？

「安いに越したことはないけど、食料とは、人間の生命を支えてきたもので、

agreements/marrakech/html/wto01m.html#00

2. 環太平洋経済連携協定（ＴＰＰ）
ＷＴＯの原則に基づいたアジア太平洋自由貿易地域版。仮訳（二〇一六年一月七日時点）www.cas.go.jp/jp/tpp/naiyou/tpp_zanteikariyaku.htmlW

農民の生活改善策
『貧しい人々のマニフェスト――フェアトレードの思想』（フランツ・ヴァンデルホフ著、北野収訳、二〇一六年、創成社）では、南のコーヒー農家の生活向上に、北の市民が参加する事例として、メキシコ南部での社会的ビジネスを紹介している。

自然の中からしか生まれない。そして、さっきも言ったように、この自然は、かんばつや洪水のときには食料の生産に影響を与える。どの生産国でも、自国民優先だから、天災で食料不足になった場合、必ずしも輸出してくれるとは限らない。要するに、食料は普通の商品でなく、国全体の生命財として、その生産者に感謝して、大切にしなければならない特別な商品だ。」

――最近よく聞く「地産地消」みたい。

「難しい四字熟語をよく知っているね。」

――現代社会の先生が野外授業でどのようにして地方の農家と同じ地方の消費者が交流し合っているか日帰りで遠足みたいに連れて行ってくれたから。その地域に合った、安全で安心できる食べ物を、自然を壊さないでいつまでも生産できるように地域の生産者と消費者が支え合うことでしょ?

「いい先生に巡り会ったね。食べ物に関しては、いまや北も南も地産地消で考えようとする動きが高まっている。また、自分たちの国の人びとの主食はなるべく国内でつくろうとする動きもあって、それを食料主権というんだよ。」

――アフリカなどの南の飢えの問題は、いかに食料をあげることの問題なのかと思っていたけど、地球規模で地産地消を実行することを考えなくてはね。

「誰でも安全で安心して美味しい食べ物を食べたい。地域で、この農と食の信頼のネットワークをつくれば、以前、欧米で問題になった狂牛病*みたいなことはまず起こらない。」

――牛が狂ってしまうの？

「英語でマッド・カウの病気というんだ。牛肉を安く大量に売るために、死んだ牛の骨などを砕いたものを餌にして、工場のようなところで牛を育てていたら、脳がおかしくなった牛が出て、それを食べた人が亡くなってしまった。

僕が知る限り、アフリカでアフリカ産の牛肉を食べて人が死んだという話は聞いたことがないね。なぜなら、工業品の製造みたいに牛を育てたりしないからだ。アフリカの牛の食べ物には人工飼料など使われていないし、牛使

狂牛病
ＢＳＥ（牛海綿状脳症）の俗称。一九八六年にイギリスで初めて発見された、牛の脳に空洞ができ、スポンジ状態になる病気。

いの子どもたちに守られながら、牧草を中心とした餌を食べている。ニワトリだって、庭を走りまわっている光景が南の国ではまだ多く見られる。安い冷凍チキンより青空市場で売っているニワトリの方が少し高いけど、おいしくて安心できるって人気があるんだ。」

――南に学ぶ点もたくさんあるのね。あげることだけなく、世界の誰もが食べられる世界って、まだまだ考えなくてはならない。

最終章の代わりに　日本の小さな山村から

あの初めてのアフリカ旅行が終わって、夏は過ぎてゆきました。そして私たちの話し合いも一段落しました。秋が来て、冬が来ました。もうすぐ春です。より公正で、地球に住む誰もが人間らしい居場所が見つけられる世界の実現に向けての課題は残り続けています。父といつものように山の村に週末行きました。

毎年、春が近づくと山がゴーゴーと音をたてます。木々が風で一斉に揺れるのです。そんな森の中を歩きながら、わたしたちはおしゃべりを始めました。

――今年も、ちゃんと春が来そうだね。

「なぜ、春が来ないと思ったの？」

――だって、この頃やたらに暑い夏や、記録破りの大雨があったりしたでしょ。季節のサイクルがいつ壊れるか、時々考えてしまうよ。

そう言って、わたしたちは、乾ききった落ち葉を長靴で踏みしめながら、黙って歩き続けました。キキはわたしたちを先導するように、飛びはねながら森の中に入っていきます。スギやヒノキは、相変わらず、黒々とした葉をつけていましたが、落葉樹のブナやクヌギは空に向かって枝だけを広げています。しかし、その先を見ると芽がしっかり出ているのに気づきます。

「地球って、当分壊れそうにないよ。でも、壊そうと思えば、人間の知識と技術とお金で、そう難しくない時代が来ていることは事実だ。」

その夜、星空はいつものようにくっきりと見えました。時々、飛行機がライトを点滅させながら、山の上を通過するのが見えます。

東の山並みの上に広がる空は夜でもやや明るいのに、同じように山が連なる南方の空は暗い。それはなぜだろう。この山間部の村に来る初めての訪問客と、そんな話をよくします。

「東の方は、山を越えると関東平野が広がり、その大都市の光が空を明るくしているけれど、南の方は山が連なっているだけなので、より暗い空が残る。」

というのが、わたしたちのいつもの答えです。

実際、星は、南の方がよく輝いているのがわかります。天の川も見えます。そして時々流れ星も。わたしたちは、アフリカでもアジアでも世界中のどの大都会でも、晴れた夜には必ず星がしっかりと見える、そんな世界になるのはいつだろうかと自問します。

――この星の一つ一つが人間だったら、その一つ一つの輝きを大切にしたいな。

「この地上に人間が一人生まれたということは、一つのかけがえのない尊厳が生まれたということだ。」

――わたしには、やること、考えることがたくさんある。お父さんもそうでしょ？

父との話を終えて

短い滞在だったけど、アフリカに連れて行ってくれた父のおかげで、わたしは、いままで気がつかなかったことをたくさん知りました。対話ではうんと質問してみました。

父は毎回答えてくれました。しかし、父は、どうすればいいという解決策は、ほとんどの場合教えてくれませんでした。むしろ、ぶつかった問題に対して、なぜ起きたのか、それらをどう考えたらいいのかということをたくさん教えてくれました。問題の答えよりも問題をまず考えて、解くためのいくつものツールを教えてくれたんです。父からどっさりもらったこのツールをボックスにしっかり詰め、身近なところにおいてこれからも「わたしたちはどんな世界に住みたいのか」を考え、行動していきたいです。

（了）

掲示板1

ある日の特別授業
日本の学校、アフリカの学校のどこが違う
――高校生ファンタの感想

高校の先生　今日は、日本で一年間ホームステイして帰国することになった、アフリカのS国からのファンタさんを囲んで、彼女の国と日本とどこが同じで、どこが違うかなどを話し合いたいと思います。

ファンタ　皆さん、一年間ありがとうございました。わずか一年でしたが、日本に来てよかったです。友だちもたくさんできました。わたしが日本に行きたいと思ったきっかけは、祖母が町の市場で見つけてきてくれた、使い古した世界地図でした。祖母は、字は読めませんが、見慣れない画像がたくさんあるので、わたしの学校の勉強の助けになると思って買ってくれたのでした。アジアの紹介のページで、私の好奇心を掻き立てたのは、大雪をいだいた山のふもとを横切る鉄道や、傘をさした髪の毛のふっさりとした女性の画像でした。雪や鉄道はヨーロッパにあることを知っていたけど、彼女の髪形と着ている服はアフリカとも、ヨーロッパともまったく違っていました。この国が北の日本という国であることを発見しました。どんな国なのだろう。そんなことを心の片隅で考えていたとき、日本への高校生交換留学の募集があり、真っ先に応募したわけです。

実は、日本に行きたいので留学に応募したいと家族に告げたとき、叔母《おば》は、はじめは反対していました。遠い異国、しかも宗教も異なる国に行って、その国の影響を受けてまったく別人になってしまうことがとても心配だったのです。実際、叔母の心配は理解できました。西アフリカの教科書で習う、誰もが知っているアフリカ文学の古典を思い出したからです。この小説の主人公は、植民地時代にヨーロッパへ、植民地当局によって半ば強制的に留学させられるアフリカ人少年です。少年の家は敬虔なイスラームの家庭で、彼の留学には親戚一同が反対します。最大の理由は、わたしの叔母が心配したように、自分たちの国を軍事的に征服し、植民地にしたキリスト教中心の国に留学して、その文化に染まって別人になってしまうことを恐れたのです。

しかし最終的に、彼の叔母がゴーサインを出します。彼女は言います。「道理なくして相手を打ち負かすすべを、あちらで学んでくるのです」と。ヨーロッパの侵略は、道義的に決して許せないが、その力の源泉だけは学んできて、自分たちの国に役立ててほしい、というメッセージだと思います。

ですが、わたしの叔母の心配は取越し苦労でした。日本にはイスラーム教徒はあまり多くありませんが、いつも違った宗教を寛大に受け入れてくれました。しかも日本はイスラーム教徒の多い国々と仲良くつき合い、一度たりとも軍隊を送って戦争をするようなことはしていません。これは私だけでなく、イスラーム教を信じる多くのアフリカ人が知っていることだと思います。そしてなによりも、この一年の滞在で得た成果は、自分の国の良さや変えるべきことがよりはっきり見えてきて、帰国してさらに自分の国や世界について勉強する意欲がわいたことです。

先生 ありがとう。ではこれから自由討論だ。Yくん、君は将来アフリカで保健・医療の仕事をしたいといっていたけど、質問は?

男子生徒Y はい。あります。まずはファンタに、僕のうちに来たとき妹に故郷の村のダンスを教えてくれたことにありがとうを言いたいと思います。妹は、あれ以来大きな鏡の前で苦闘しています。質問したいのは、若者の自殺についてです。あなたの国でも、若者の自殺が増えていますか?

ファンタ あると思いますが、私の周りではほとんど聞いたことがありません。正確な数字も知りません。ただ言えるのは、自殺はしてならないということです。命は神から与えられたものです。自分で勝手に自分の命だからといって処分することは、神の教えに反します。

わたしも日本で自殺が多いということは聞いたことがありますが、学生が自殺する理由がよくわかりません。学校に行けて、しかも学び続けることができるのに。これは私たちの国では、すべての子どもにできることではありません。建前は義務教育で無料でも、実際は新学期には学用品購入など家庭に大きな負担がかかります。ですから、学校に行きたくても行けない子どももいます。また、運よく入学できても、家事の手伝いや畑仕事のため、予習、復習不足で勉強についていけず、ドロップアウトする子もいます。元気に学校にたっぷり行けて、自分たちの未来を準備できる環境は、私たちの国と比べたら、あなたたちの国は抜群です。それなのに、悲しんだり、絶望したり、学校に行きたくないと本人が言うのは理解に苦しみます。

わたしは自分の村で、学校に行けなくて一日中家畜の世話をしなければならない幼なじみの分も学ばなければと、あなたたちの国に留学することを決めました。この学びを生かすためには、まだまだ生きなければなりません。

女子生徒A　あなたの故郷では、高校生の一日がどんなスケジュールか教えてくれますか？　できたら女子高生の。

ファンタ　それはよくある質問なので、ホームステイ先の同級生と一緒につくったパワポを準備してきました。見てください。

A　だいぶわたしたちと違う。あなたの国ではこんなに早く起きて、お祈りが一日に五

日本の都会の女子高生の一日と
アフリカS国のT村の少女の一日の行動

時刻	日本の都会の女子高生	アフリカのT村のファンタ
5:00		起床、バケツ一杯の水で水浴び ①イスラームお祈り
6:00	起床、シャワー スマホを見る	朝食準備と家畜の世話
7:00	朝食＋登校	朝食＋登校
8:00		授業
9:00	授業	
10:00		
11:00		
12:00	お昼、お弁当（母のつくった） スマホを見る	昼食準備、昼食、自宅へ戻る
13:00	授業	
14:00		②イスラームお祈り、昼寝、登校
15:00		③イスラームお祈り
16:00		授業
17:00	下校、スマホを見る	
18:00	塾、夕食	下校、夕食準備、家事、宿題
19:00		④イスラームお祈り、夕食
20:00	宿題＋テレビ	片付け、バケツ一杯の水で水浴び ⑤イスラームお祈り
21:00	スマホを見る	就寝（8時過ぎ）
22:00	就寝（9時過ぎ）	
23:00		
0:00		

回もある……。

ファンタ　わたしのほうは日本に来て同級生がみな、太陽が昇っているのに寝ているのが不思議でした。お祈りですが、わたしにとっては、お祈りこそ、自分がなぜ生きるのかを教えてくれるものです。

A　大学入試の受験勉強はないの？

ファンタ　田舎にはほとんどありません。高校に通う人も限られていますから、難しい試験を突破して高校を卒業できたら、それはものすごいことなのです。ただ、都市のお金持ちの子どもは大学受験もしますし、少数ですがヨーロッパやアメリカに留学する子どももいます。確かに、あなたたちの国には進学準備で忙しい生徒がいるけど、私たちの村には電気も水道もガスもなくて、まずは家事手伝いです。特にわたしたち女の子は忙しい。

男子生徒S　僕はおじいちゃんとおばあちゃんと一緒に住んでいます。おばあちゃんはお年玉やおこづかいをくれる以外に、昔話や遊びを教えてくれます。アフリカでもそういうことはありますか？

ファンタ　もちろんあります。親戚も含めて年長者は子どもたちの大先生です。アフリカでは、老人が一人亡くなると図書館が一つ火事でなくなるとよく言われます。特に夜のおとぎ話はみんなで聞きます。電気がなくても声はしっかりと聞こえます。同じお話を何回も聞くことがありますが、同じところでみんなで笑ったり、泣いたりします。国のつくった学校で学ぶものだけが教育ではありません。わたしたちの国で教育という言葉を使うときは、家庭や村の大人たちが教えてくれるしつけや、生きる上での大切な教訓も含まれます。

日本に来たばかりの頃、なぜお年寄りと子どもが道路にいないのか、どこに隠れているのか不思議でした。やがて、お年寄りは家の中にいて、子どもは放課後も休み中もいろいろと忙しいということがわかって、謎が解けました。

先生　では最後に、どうしてもファンタさんにこれだけは聞いておきたいというのがあったらどうぞ。

男子生徒W　故郷に戻ったら最初になにを食べたいですか？

ファンタ　家族が準備してくれたものを食べます。それがうれしいです。クスクス*かな。そして時計やスマホを見ないで、のんびり家族や友だちとおしゃべりしたいです。

男子生徒W　日本ってやっぱり忙しすぎますか？

ファンタ　ＰＣの前で一日忙しくするとお金がより集まるのが、あなた方豊かな国の秘

クスクス
乾燥パスタの原料である小麦を粉にし、水分を含ませて粒状にし、蒸して乾燥させたもの。また、クスクスを使った北アフリカ料理のこと。西アフリカではミレット（雑穀）を粉にし、蒸してソースをかけるクスクスもある。

密なのかなと思ったことがありました。アフリカには「ヨーロッパには時計があるが時間がない。アフリカには時計はないけど時間はたっぷりある」というジョークがありますが……。それにしても、日本の学校は、あまりに規則をつくりすぎて、同級生がそれらをすべて守ったり、守ったりするふりをするのは大変だなあとも思いました。もっとのんびり、寄り道や道草があってもいいんじゃないのかと思った。でも、それってあなた方が考えることでしょ？

先生　ファンタさん、先生にとっても他人事でないアドヴァイスをありがとう。本当に今日はありがとう。みんなでありがとうと彼女の無事の帰国を祈りましょう。

クラス全体　ファンタ！　ありがとー。無事帰ってね！（教室の誰かが「動画も送ってね」と叫ぶ）

掲示板2　アフリカのNGOリーダーは若者にこう言った――

同じころ、アフリカのサバナ気候の、ある国のある都会の飲み屋で。

日中あれほどカンカン照りだった太陽がいつの間にか、サバナの地平線を真っ赤に染めて沈んでいく時間だ。仕事を終えた人びとや屋台のおばさんやお兄ちゃんたちで街角がにぎやかになる時間帯でもある。二人のアフリカ人が居酒屋で向かい合っている。一人はやや年長で、アフリカの市民団体（ＮＧＯ）のリーダーとして、この道三〇年の経験を持つベテランだ。もう一人は二〇歳そこそこの高卒の青年で、リーダーが代表を務めるＮＧＯにインターンを始めて数カ月になる。このアフリカの青年は、最近ヨーロッパで開催されたアフリカの貧困削減についての国際会議に、地元ＮＧＯで働くスタッフの現場の声を伝えるために、生まれて初めて、外国に、しかも初めて乗った飛行機で旅行してきたばかりだ。

リーダー　今日は僕のおごりだ。なにを飲むかね。

青年　ご存知の通り僕はイスラームなので、アルコールは飲みません。ジュース、できたら地元のジュースをお願いします。

リーダー　わかった、君は国産ジュース、僕は国産ビールだ。ところでヨーロッパの旅行はどうだったかね。

青年　会議は予想通りでした。自分たちもヨーロッパのNGOの代表も貧困対策にもっと、もっとお金とヒトを出すことを訴えることで一致しました。特に、ヨーロッパの経済状況があまりよくないといって、アフリカ援助を減らすことはなんとしても道義的に許せないと互いに強調しました。継続は力なりとか、切れ目のない援助こそ大切とかいう参加者も何人かいましたね。切れ目のないという言葉は新鮮でしたね。というのは、わたしの同級生が職業訓練学校に行っているのですが、あるとき自動車の排気ガスのパイプにはいまでは継ぎ目のないパイプが使われていると教官が言ったら、みんな継ぎ目のないパイプはどうやって運ぶのかと質問したそうです。もっとも後でわかったのですが、それはあくまでも排気マフラーの製造法の名称ということでした。

リーダー　初めての北の国への旅行の方はどうだった？

青年　道行く人びとはどこか悲しそうで、無口でした。そして、みんななにかのために急いでいるようでした。もっとも、これはたまたま普通の日に自分が行ったせいかもしれません。そして、なんといってもさすが北の先進国と実感したのは、停電も断水もなかったことです。快適極まりありません。そして捨てるほどのモノの山。衣料ショップでは衣服を新しくお店で買うと、その場で着てきた衣服を捨てるお客様用の箱まである。ということは、箱にある衣服を着ることは無料でできるということです。このようなことは私たちの国ではあり得ないですよね。

そこで、リーダー、僕にも質問させてください。なぜ僕たちは貧しいのでしょうか？北はなぜかくも豊かなのでしょうか？

停電と断水が、壊れたCDプレイヤーから流れる音楽のように断続的かつ予期せず起こる我が街に再び戻ると、ついそう考えてしまいます。

先ほどもタバコを吸っていたら、通りがかりの青年がタバコ一本くれますかと言ってきた。もちろんよくあることだけど、あの北の国では一回も乞われなかった。だから彼に言ってやったんだ。人生ボーッと過ごさないで、タバコぐらい働いて買えよ、と。もっとも彼には、自分はもう何カ月も仕事がない、あったらほしいねと、言われてしまいましたが。

僕たちの国が貧しいのは援助がまだ十分でないからでしょうか？　外国が投資をしてくれないからでしょうか？　それとも援助の多くが、それを受け取る自分たちの国の政府の役人が横取りしてしまうからでしょうか？

リーダー　自国の運営がうまくいかないで、国民が貧困状態にあることを北の先進国のせいにするのは簡単だ。ましてや彼らが豊かになった分だけ私たち南が貧しくなったと考えるとしたら、さらにあまりに単純だ。

青年　リーダー、そこまでは思いませんが……。

リーダー　私たち貧困と不正と闘う南のNGOが、いましなければならないのは、日々の具体的な行動だけではない。君の疑問はまったくだ。しかしその分析はあまりにシンプルだ。

自分たちの被る不幸をすべて他人のせいにすることの最大の不幸は、考えなくなることだ。すなわち、自分たち自身で、現状の背後にある複雑極まる原因を、さまざまなレベルで考え、行動し、将来を設計するという努力や想像力をなくしてしまうことだ。

そもそも、私たちの住む国が、ヨーロッパの植民地から独立国として新しいスタートを切ったとき、実は私たちの祖父母や両親は、あまり深く考えないで独立を喜んだ。これであのえばった、傲慢な、しかもやたらに強い兵器や進んだテクノロジーを持った白人が主人でなくなれば、自分たちの国はよくなるとみんな信じたんだ。

そしていまはどうだ？

独立して半世紀以上経ったのに、外国の援助は続き、私たちの国はいまのところ平和だが、国民同士が武力対立して、内戦までしているアフリカの国はいくつもある。内戦をやめさせるために、かつての植民地としてこれらの国を支配し、独立に伴い出て行ってもらったヨーロッパの宗主国の軍隊が戻ってきて、いまでは住民の中にはその国の国旗を家の前に掲げて感謝するような事態も生じている。

自分たちの国を自分たちで治めるのが独立ではなかったのか？

青年　多くのアフリカ人の犠牲のもとで、僕たちの国が植民地支配からの独立を勝ち得たことは学校の授業で学びました。ただ、僕はその頃生まれていなかったので、いまひとつ独立のもつリアルな感覚がピンと来ない。

ただ、僕たちアフリカ人はどこまで自分たち自身で自分たちの運命を決めているかと聞かれたら、時々わからなくなる。

リーダー　確かに君たちは生まれていなかったな。この国が独立した一九六〇年には、僕はまだ中学生だった。植民地時代に生まれ育った父や祖父や先生からは、当局や白人の入植者に差別されたり、強制労働として住民が道路づくりに参加させられたなど、つらい思い出を直接聞いてきた。他方、植民地時代から独立後も住み続け、学校や診療所で献身的に働く、ヨーロッパからの親切で寛容な宣教師や神父や修道士などもいたという話もきいた。これらの人びとは、昔ほどではないがいまも活動している。彼らは都会でも村でも宗教の違いを超えて尊敬されてきた。

ただ半世紀以上経つこの国の独立を、スラムや農村の人びとの生活向上のための活動現場から、もう一度振り返ると見えてくる、独立時にあまり気づかなかった三つのモノ・コトについて言っておこう。

一つは外国援助。二つ目は便利な輸入品。そして三つ目はチーフ信仰という言葉だ。チーフとは自分たちを助けてくれ、頼りになる大統領とか、お偉い人のことだ。この三つこそ、自分たちを豊かにしてくれると、人びとが両手をあげて受け入れてきたモノやヒトだ。

その結果はどうだ。援助は減るどころかこの国の主要財源であり続け、首都は援助関連機関の落とすお金で高級ホテルやレストランから不動産やスーパーマーケットやレンタカー会社まで繁盛している。

青年　あれほど僕たちの国から富を一方的に運び出して、この国の発展を遅らせたのだから、その償いとしての援助は当然だ。

リーダー　すぐ援助をなくせと言っているのではない。診療所や学校や橋など、援助がなかったらもっと僕たちは困ったかもしれない。問題なのは、援助に望みをつなぎ続けることによって、僕たちが自分たちの国の問題の原因や解決について、考えなくなってしまうことだ。

青年　では輸入品は？

リーダー　同じだ。自分たちが必要なものを自分たちでつくろうとしないで、お金で外国から買って済ますことが問題だ。

青年　でも金があればより便利で、より性能がいい先進国の製品を買える。それは悪いことではないのでは？

リーダー　そのお金とはどこから来るのか。多くの場合は自分たちが働いてつくった富というより、地下資源だったり、昔ながらの輸出向け農産物だ。僕たちの国には、まずは誰もが食べられて、誰もが学校に行けて、誰もが病気になっても治療が受けられるだけのパワーとマネーが必要なんだ。北の国々やインドのように自前の工場がモノをつくらなければならない。

経済的に豊かな国の善意や余りものに頼るのには限界がある。

あんまり他人をあてにしないで自分たちで解決策を考え、自分たちでつくるんだ。

青年　リーダーの言うことは、昔僕のおじいちゃんがアフリカの独立とはなにかを話してくれたことを思い出す。独立とか自立って、みんなで橋をつくることなんだって。だけどおじいちゃんが繰り返し言っていたのは、なぜ橋が必要か、まずみんながそのイミに気づかなければならないと。この気づきがなかったら橋なんていらないよ、いままで通り泳いで渡るか、ボートで行けばいいんだ、と。独立も、自分たちで自分たちの未来を考え、そのために行動することが前提だというメッセージだと思う。

リーダー　そもそも、僕も含めて、選挙のたびにこの指導者なら正直そうだとか、国際機関でのキャリアがあってが有能だとか、ビジネスで成功して実行力があるとか、彼ら個人の人柄や能力をあてにして、自分たち自身で問題を考え、その解決策を探すという努力を十分にしてこなかった。善良で有能なチーフが出てくれれば国は良くなると期待したが、これらの大統領は一回選ばれると前の指導者と同じようなことをしてきた。嘘つきと言ってももう遅い。任期制度を定めた憲法を変えて終身大統領を目指すチーフもいまだ多い。もう、国を救ってくれるチーフが登場するのをひたすら期待することはやめにしたい。僕たちの、僕たちによる問題解決を先のばしにするだけだ。選んだとしても、議会やメディアでしっかりとチェックするんだ。

青年　リーダー、最近の大統領選と同じシナリオですね。現職だった大統領は長年野党で、政府の不正をハッキリと告発するなど、若者に人気があった。ぼくも彼に投票した。しかし、二期目の最後になると、米国のように三回繰り返すことはできないという憲法条項を強引に変えてまで出馬した。そのとき僕らは怒った。国会前のデモにも行った。そのとき驚いたのは、自分と意見が違い、むしろ大統領に政治的に近いと思っていた級友がやはりデモにいたことだ。久しぶりに会って「お前、なぜ来たんだ」と聞いたら、「おい、これは政治以前だ。原則の問題だ。おいらの国が、市民ではなく大統領の気まぐれで統治されるなんて恥だ」と答えた。超党派のデモだった。ラッパーたちの合言葉は「もうたくさん」だった。

リーダー　もちろん知っているさ。この大統領がそれなりに成果を上げても三選されなかったのは、結局、民主主義という国のカタチを簡単に変えようとするチーフは僕らは支持しないという怒りのメッセージが届いたからだ。僕らの国は一九六〇年にヨーロッパの植民地から独立した。僕らは自動的に新生独立国の国民・市民になった。祖父も両親もみんな喜んだ。でもそれでは不十分だった。チーフに任せきりにすることは、チーフをいい気にさせただけだった。それどころかこのチーフの権力と資力にあやかろうと、多くの考えない応援団が生まれた。

ヒトは市民として生まれない。不正への怒りと、尊厳の闘いの中で市民になるのさ。

掲示板3

わたしたちの国を考えよう。

豊かな国のあの三月一一日のこと

高校生Fは資源問題をきっかけに「人類は一体どれほどエネルギー資源があったら満足するのか?」、「二酸化炭素を排出しない原子力エネルギーは本当に明るい未来を準備してくれるのだろうか?」と自問し始めます。そして二〇一一年三月一一日、大津波が発生し、東北地方に多くの被害を出す大災害が起こりました。福島県では東京に本社のある東京電力の福島第一原子力発電所が故障し、以来毎日大量に出る放射能の汚染水をどう処理するかなど、解決策が見つからないまま、人びとに不安を与え続けています。

この金曜日の昼下がり、春休みで家族とともに東京の家にいたFは、世界中から届く安否確認とお見舞いメールにこうレポートしました。

「心配してくれてありがとう。わたしたち家族は無事です。そのときわたしたちは一軒家の我が家にいました。突然ものすごい揺れが来て、ああ地震、と気づきました。生まれて初めての、家が飛び跳ねているんじゃないかと思うほど激しい揺れでした。私は両親と犬のキキと、家族で使うパソコン机の下にもぐりました。被害は、食器棚からお茶碗が一つ飛び出て割れたぐらいでした。テレビでは何回も、津波が海辺にある家々や船や自動車などをさらっていく映像が繰り返し流されていました。わたしがまだ小学生だった一〇年前の二〇〇一年九月一一日、米国で起きた同時多発テロ事件で、ニューヨークの超高層ビルが大型旅客機の激突で崩壊する映像を、何回もテレビで繰り返し流しているのを思い出しました。あのときテレビを見ながら、父も母もこれからなにかが大きく変わるだろうと言っていましたが、わたしにはよくわかりませんでした。とにかく無実の人を殺すなんて、悲しくて仕方ありませんでした。あれから一〇年経ったいま、なにがあの後起きたかといえば、米国がアフガニスタンとイラクを攻撃し、この地域がいまでも互いに殺し合う戦争状態になってしまったということです。でも、今回の大災害でなにが変わり、どんな世界が私たちを待っているのか、いま、わたしにはなにも言えません。せめてまずは、ボランティアで友だちと被災地域に駆けつけて自分たちでできることを少しでも実行することです。そちらもお元気で。　あなたの友人Fより。」

このメッセージを書いてから、五年以上が経とうとしています。あの三月一一日の出来事は、いまどうなっているのでしょう。大津波の被害者たちは多くの人びとに支えられ、なんとか立ち直る方向が見えてきました。しかし原子力発電所の事故による被害の修復には、一向に未来が見えてきません。地域の水も大地も森も放射性物質に汚染され続けています。自然界に存在しなかった放射性物質も、この事故で拡散してしまったのです。拭いたり、削ったり、またそこから出たゴミをよそに運んでみたり、薄めて海に流したり、大人たちは大騒ぎです。まるでババ抜きみたいに。汚染物質をどこかにたらい回しにしようと大人たちは躍起になっています。まるでババ抜きみたいに。地域の子どもが風邪でもないのにマスクをつけたり、公園で遊ばないで建物の中でしか遊べなかったなんて、高校生のわたしが考えても、どう見てもおかしいです。科学やハイテクの進歩は、南の人びとも含めて、わたしたち人間を幸せにする未来を本当に準備してくれるのでしょうか？　ますますわからなくなりました。この原子力発電所に隣接する町の人口をネットで調べたら（二〇一六年現在）、ゼロでした。日本に住民が住めない町が生まれたのです。

わたしたち同級生の何人かはこのことを理科の先生に聞いてみました。

男子生徒A　先生、テクノロジーは世界に明るい未来をつくってくれるのでしょうか？

白衣の理科の先生　うーん。かなり難しい問題だ。テクノロジーは大量のエネルギーやモノを安くつくってくれるから南北格差を縮めてくれるとも言われる。でもいま君たちも、僕ら先生も考えなきゃいけなくなった大切な疑問だ。今回は、科学一般を考えるより、わたしたちの生活を豊かにしてくれるという科学が生んだ二つのテクノロジーに限って、逆に君たちに質問してみたい。原子力発電と遺伝子組み換え食品の共通点はなにかな？

F　みんなハイテクが生んだもので、私たちはより安く、より多く消費できるようになるかもしれないけれど、どうしてこういうモノが考え出されるのかは普通のヒトではわからないというのが共通点かな？

男子生徒A　どれも一度広がったら元に戻せないというのも共通点だ。

女子生徒B　どちらも拡散してどんどんたまっていくよね？　原発から生まれる放射性物質も、人為的に遺伝子を組み替えてできた種子も、一度つくってしまったら地上から消せなくて、たまるだけなんでしょ？

先生　どれも鋭い気づきだね。僕たち科学者も、いまこれらの技術に関して、人類にとって絶対安全と言えないことをどう考えるか、まだ明確な答えは出ていないんだ。

F　科学者だって人間でしょ？

先生　もちろん。ぼくの尊敬する原子核物理の豊田利幸先生が言われたことを君たちにも紹介しよう。インターネット上に公開されているから、ぜひ読んでみてほしい。三・一一が起きる以前、二〇〇七年に、英語で科学者の集まる国際会議で豊田先生が訴えたメッセージだ。* そして君たちも、どんなエネルギーをどれだけ使えば君たちも含めた人類がしあわせに暮らせるのか、みんなで考えてみなさい。いい質問をもらったから、これをみんなの宿題にしよう。

＊豊田利幸先生のメッセージ
以下のURLに掲載されている。
http://repository.meijigakuin.ac.jp/dspace/bitstream/10723/995/1/prime30_13-14.pdf

【付録】学びの道具箱

これは、世界の格差や貧困をなくすことを考えるための五種類の道具がつまった道具箱です。父が世界を読み解くツールボックスとしてくれた、言葉の贈り物です。

1. ドライバー・ねじ回し……いくつものドライバーを備えること。いくつもの頭があることによって、さまざまな形のネジに対応できる。複雑な現実世界を、複数の道具で分解してみる。

2. のこぎり……分析道具とは、現実をある視角からバッサリ切ること。

3. 接着剤……モノゴトをつなげて考える想像力をもつ。社会には人と人、人と自然をつなげる接着剤が不可欠。三つの接着材の例。

［1］市場という社会の接着剤……お金さえあれば誰もが参加できる。市場とはあるモノをめぐって、それがほしくて買いたい人と、売りたい人が価格によってそのモノの持ち主を決めること。人と人をお金で結びつける仕組み。

［2］税金という社会の接着剤……単なる売り買いのルールになじまない社会サービスや、生きるためのお金が不足して市場に参加できない人びとをサポートする仕

組み。

人と人を市場ルールでなく、国民の選んだ政府が議会とともにつくる法律によって集めるお金で結びつける。

［3］節度という人と自然の接着剤……人の命を可能にしてくれる自然界を、持続できない速さや規模で痛めつけないためには、人の欲望、願望を自然界と共生できるように節度あるものにする。

4. マーカー……考えていることを書いてみよう。モノゴトに印をつけるマーカー。設計図・プランもデザインしてみよう。話し合いのためのテーマもつくってみよう。

5. メジャー……測れるもの、測れないものを区別してみよう。

これらの道具を身につけて次のことをおすすめします。

1. 紙の本をしっかり読む。

2. そのため図書館にもよく行く。

3. ゆっくりみんなでお料理をつくって、二人以上の人とワイワイ食べてみる。

4. 時にはパソコンやスマホをオフにしよう。そして、寄り道、道草をして世界でなにが起きているか見て、感じて、考えて、話し合ってみる。

世界を読み解くための道具箱

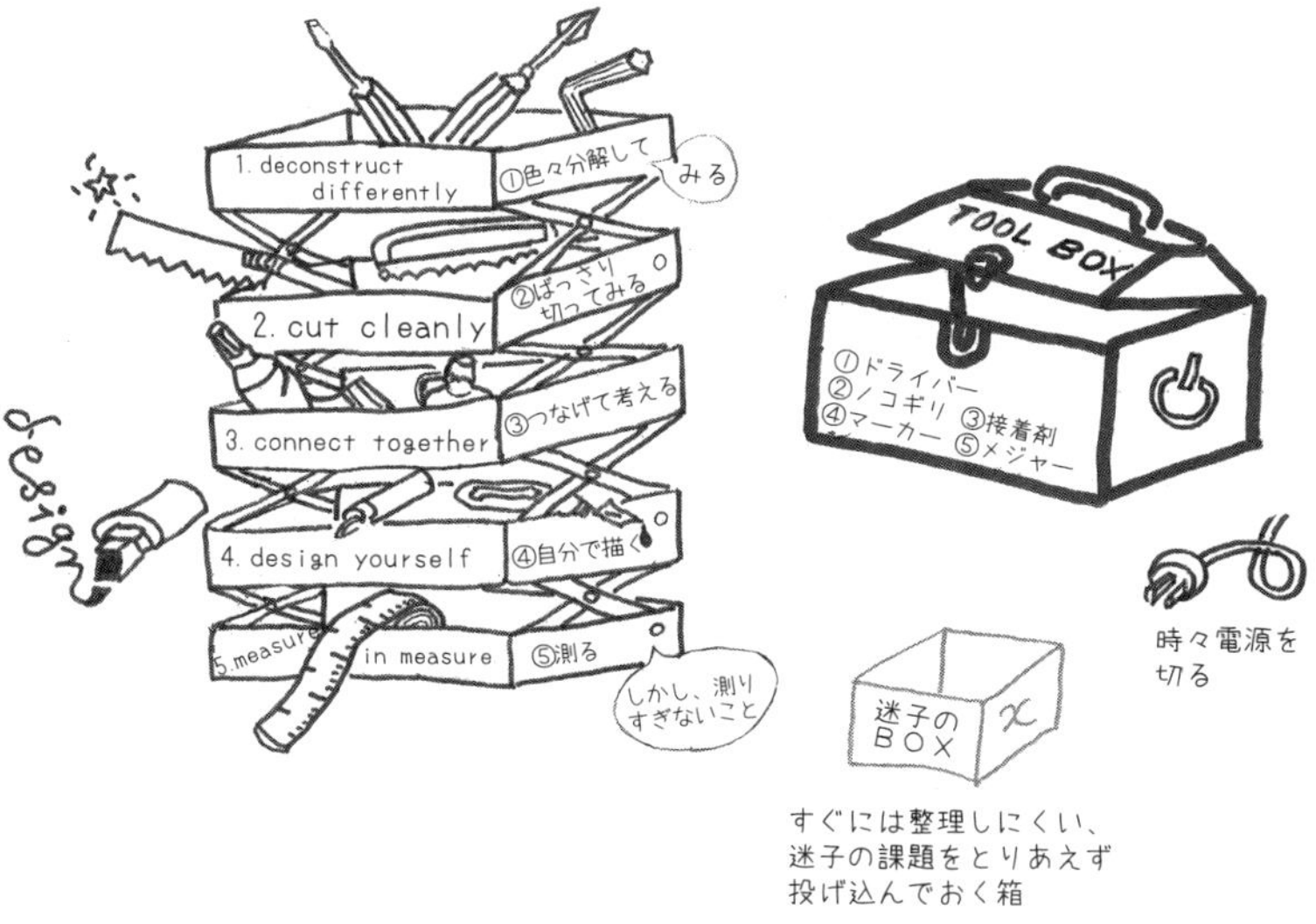

自分でも世界を読むために
道具箱をつくってみよう

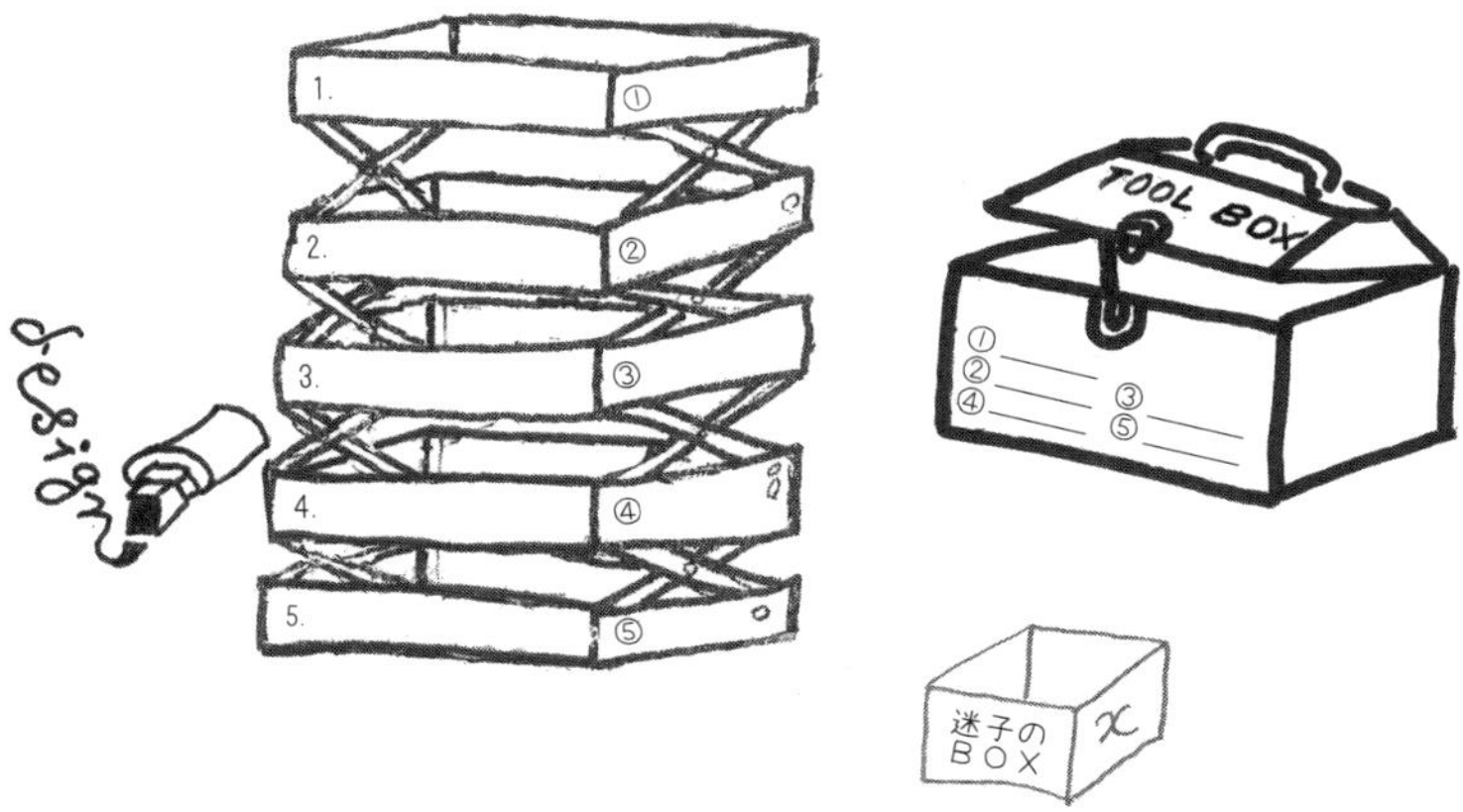

あとがき

みなさん、こんにちは。この本を書き終えた今年の夏、七〇歳を迎えた筆者です。

まず、この本をつくるきっかけについてお話ししなければなりません。いまから一〇年前の二〇〇六年、わたくしはラテンアメリカ研究者の太田昌国さんから一通のお手紙をもらいました。南北問題をテーマに大人と子どもの対話形式の本をつくりませんかという内容でした。太田さんはラテンアメリカを中心に、世界で最も忘れられた、そしていまもそうである名もなき人びとに焦点を合わせ、その声に耳を傾け、作品を出し、行動されてきたわたくしの尊敬する日本の知識人の一人でした。

当時、わたくしは関東の大学の教員で、学部生に「南北問題」を教えていました。わたくしは、この問題を北の富裕国日本が、南の貧しい国に対する援助や開発の問題というだけにしまうことに、いつも「それだけでない」と自分に言い聞かせ、授業を準備していました。

なぜ、南北格差が生まれるのか？　南の人びとの声にどこまで自分たち北の人間は耳を傾けているのか？　こうした基本的な問いかけがとても重要に思えました。それを教えてくれたのは、わたくしが長らく通ったアフリカやアジアや欧米で出会った友人たちでした。彼ら、彼女たちは、決して単なる援助の対象ではなく、なによりもまず、南での不正義と戦い、誰もが誇りをもって生きられる世界を実現しようと考え、行動する友人たちでした。わたくしは彼ら、彼女らのおかげで、自分の傲慢さや分析の不十分さに気づきました。そして、どうしたらすぐに格差や貧困の問題の解決策を見つけられるか、そのためのお金をネットなどでゲットするにはどうしたらいいのか、ともするとそれだけが成功物語となってしまう時代にあって、世界の格差と貧困という問題については、「なぜ」という問いを、大学の授業だけでなく、もっと広く、特に若者層に発信できる媒体の必要性を感じていました。

そんなわけで、この「南」の思想に、ラテンアメリカの先住民の歴史と現代から取り組んできた太田さんの依頼ならと、喜んで引き受けることにしました。

あれから、一〇年が経ってしまいました。すでに二〇〇一年には多くの犠牲者を出した米国の同時多発テロが起こり、世界は北が主導する主として南の地域における「反テロリズム戦争」時代に入り、今日も続いています。二〇一一年には日本で東日本大震災とともに、フクシマの原子力発電所の大事故が起きました。そして、ヒロシマ・ナガサキに次ぐ、原子力エネルギー利用による人間と自然に対する放射能災害を生んできています。わたくしたちはどれだけ大量のエネルギーを消費できたら幸せになるのでしょうか？

「わたくしたちはどんな世界に住みたいのか」という問いに対して、「その世界とは北も南もお互いの違いがあっても、もはや武力の応酬でなく、話し合いで乗り越え、しかも地球環境を壊さない世界のことだ」といえるシナリオを今世紀にこそ見つけなければなりません。

これを考えるきっかけが本書の大きな狙いです。答えがすでに出て、「いいね！」がどんどん増えるスコアが実現することを第一の目的としていません。この本を準備しながら、何回も頭をよぎったフレーズは「一八歳になったなら、立ち止まって考えよう」でした。

考えて、発見し、悩み、その解決の手立てをさらに考え、行動していく。そしてダメだったら、また考えと行動の学びのサイクルを繰り返すこと。これがメッセージです。

この本は、確かに高校生の娘が主人公ですが、この世代だけを対象とはしていません。「わたくしが住みたい世界とは」という問いは、子どもや若者だけでなく、世代を超えてみんなで考える課題です。

これについて、動画で見た、日本憲法についてのある講演会の発言を紹介させてください。二〇〇八年一二月八日に都内の大学で開催された講演会でした。講演者は国際的に活躍した日本の評論家で、いまはもう亡くなりましたが、当時は八〇代でした。彼は、学生たちでいっぱいになった講堂で、いま、日本をよくない方向に放置しないためになにをすべきかについて、彼女たち、彼らにこう話しかけます。「人生には自由に考えられる時期の山は二つしかない。最初の山は大学時代の四年間で、そのあと下降線をたどり、再び上昇するのが定年退職後の六〇歳以上の老人世代だ。もしこの二世代が一緒に考え、行動したら悪い方向に行かせないようにとどめることができる」といった内容でした。わたくしもそう思います。「いまどきの若者は」と言って、若い読者のみなさんの声に耳を傾けなかったり、「年寄りの時代はもう終わった」と若者が対話を避けるような、世代ごとの輪切り式ネットワークでは、世代を超えて生まれている大きな課題とそれに取り組む人びとの巨大なチカラが見えにくくなります。

この真夏、わたくしは半世紀以上ぶりに、東日本大震災で田んぼを失った東北の親戚に会いに行きました。その方は元コメづくり農家で、彼のお父さんはいまから七一年前、彼が子どものとき、戦場となった太平洋の島に兵士として送られ、食料不足で亡くなりました。収穫を待つ広大な田んぼを見下ろす丘の上にのぼり、お墓参りをしましたが遺骨はいまだ見つからず、納骨はありません。残されたのは最後の日記だけでした。息子さんのお話を聞き、日記（その一部紹介はその後新聞に掲載されました。一三九ページの欄外を参照してください）を読ませていただいて、わたくしの頭をよぎったのは、なぜ彼のお父さんは日本から四五〇〇キロも離れた南の島に送られなければならなかったのか？　コメどころの東北の農家出身者が食べるものがなくて亡くなるなんて、なんという不条理だろう、といった疑問とやるせなさでした。そしてもう二度と資源の取り合いの戦争はやめにしたい、と強く思いました。

よく格差や貧困をなくすにはモノやサービスをさらに産み出す経済成長や開発こそが解決策だと言

われます。しかし同時に世界中がそのためのより多くの資源を求めたら、また資源の取り合いが起こりかねません。より賢く、より質素に生きられる地球文明は可能なのでしょうか？　これが本書を終えて、次に取り組むべきわたくしの課題です。

　こうしてみるとこの本は、世界の格差と貧困を考える入り口を示しましたが、すぐには解けない宿題を残す本です。みなさんとも一緒に考えたいです。

　この本を準備するとき、わたくしの元ゼミ生の何人かに、主人公の高校生になったつもりで読んでもらいました。「難しすぎるところがある」、「そう思わない高校生もいるのでは」などといろいろコメントをもらいました。彼女たち、彼らにありがとうを言いたいです。また日本国憲法の前文の中国語とアラビア語の適切な訳についてはそれぞれの地域研究者の同僚に助けてもらいました。谢谢您そして شكرا جزيلا を申し上げたいです。最後に太田さんをはじめ、太田さんの編集を引き継ぎ、最終段階のテキストに目を通し、アドヴァイスをいただいた編集者の江口奈緒さんに感謝します。

モンスーンの関東の山村から　二〇一六年八月末

勝俣誠

［参考資料］

1　チャップリンの「独裁者」のラストシーンの演説の一部（1940年）

［英語のオリジナル版］

I'm sorry, but I don't want to be an emperor. That's not my business. I don't want to rule or conquer anyone. I should like to help everyone if possible —Jew, Gentile, black man, white. We all want to help one another, human beings are like that. We want to live by each other's happiness, not by each other's misery. We don't want to hate and despise one another.

In this world there's room for everyone and the good earth is rich, and can provide for everyone. The way of life can be free and beautiful. But we have lost the way. Greed has poisoned men's souls, has barricaded the world with hate, has goose-stepped us into misery and bloodshed. We have developed speed, but we have shut ourselves in. Machinery that gives abundance has left us in want.

Our knowledge has made us cynical, our cleverness hard and unkind. We think too much and feel too little. More than machinery, we need humanity. More than cleverness, we need kindness and gentleness. Without these qualities life will be violent, and all will be lost.

The aeroplane and the radio have brought us closer together. The very nature of these inventions cries out for the goodness in men, cries out for universal brotherhood for the unity of us all. Even now my voice is reaching millions throughout the world, millions of despairing men, women and little children — victims of a system that makes men torture and imprison innocent people.

To those who can hear me I say: "Do not despair. The misery that is now upon us is but the passing of greed, the bitterness of

men who fear the way of human progress, the hate of men who will pass, and dictators die. And the power they took from the people will return to the people. And so long as men die, liberty will never perish."

Soldiers, don't give yourselves to brutes — men who despise you, enslave you, who regiment your lives, tell you what to do, what to think and what to feel, who drill you, diet you, treat you like cattle, use you as cannon fodder. Don't give yourselves to these unnatural men! Machine men, with machine minds and machine hearts! You are not machines! You are not cattle! You are men!

You have the love of humanity in your hearts. You don't hate.

Only the unloved hate, the unloved and the unnatural. Soldiers, don't fight for slavery! Fight for liberty!

［日本語訳］

すいません。僕は皇帝になどなりたくない。そんなことは僕にとってどうでもいい。僕は誰に対しても支配も征服もしたくはない。僕はできることならみんな助けたい、ユダヤ人でも、ユダヤ人以外でも、黒人でも、白人でも助けたい。僕たちはみんな助け合いたいのだ。人間ってそういうものだ。僕たちがみんな互いに分かち合いたいのは不幸ではなくて楽しいことだ。僕たちは自分以外の人間を憎んだり、馬鹿にしたりしたくない。

この世界には、誰にでも居場所がある。そしてやさしい地球は豊かで、誰にでも恵みを与えてくれる。生きることって、自由で美しいことなのに、僕たちはその道を外れてしまってきている。欲望によって人びとの心は毒され、世界の中に憎しみの壁がつくられ、いつの間にか僕たちは、不幸と流血の惨事へとはまり込んでいった。僕たちはスピードをさらに速くしたが、それによって自分自身を孤立させた。ゆとりを与えてくれる機械により、逆にあれもないこれもないという貧困状態をつくりあげてしまった。

僕たちの知識は、僕たちを逆に人間不信にして、賢さも僕たちを冷たく、心のない存在にしてしまった。僕たちは頭を

使い過ぎ、逆に感覚を失い過ぎた。僕たちに必要なのは、マシーンよりも人類愛だ。賢さよりも、思いやりとやさしさが必要なのだ。これらの長所がなくなったら生きることが暴力で満ち、すべてが台なしになってしまう。

飛行機やラジオは僕たちを互いに結び付けてくれた。これらの発明のすごいところは人間の良心を目覚めさせ、僕たちみんなが一緒になって世界中に友だちをつくれるようにしてくれたことだ。いまだって、僕の声は世界中の何百万人もの人びとのもとに届けられる。絶望した男の人びと、女の人びと、子どもたち、無実の人びとに拷問をかけ、投獄するシステムの犠牲者のもとに届けられる。

僕のこの声が聞こえる人たちに向かって僕は言おう。「絶望しないで」と。

僕たちにのしかかっている不幸だってやがては過ぎ去るどん欲や、人類の進歩への道を恐れる者の敵意から来ている。人びとの憎しみは去って、独裁者たちは死に絶えていく。人びとから奪い取った権力は、人びとのもとに戻されるだろう。自由のために死ぬ人びとがいる限り、自由は永遠に滅びることはないだろう。

兵士たちよ。獣のような人間に身を任せてはいけない。君たちを軽く見て、奴隷扱いをする人間に。彼らは君たちの、人生を軍隊式に組織して、君たちがなにをしたらいいか、なにを考えたらいいか、なにを感じるべきかを指図する。君たちをフォーマット化して、なにを食べてはいけないかを命令し、君たちを家畜やただの使い捨てのコマとしてしか扱わないのだ。

そんな人間の本性に反する者たちに身を任すな。彼らは、マシーンのマインド、マシーンの心しか持たないマシーン人間だ。君たちはマシーンでない。君たちは家畜などではない。君たちは人間だ。心の中に君たちは人類愛をもっている。人を憎んではいけない。愛を知らず、人間の本性に反する者だけが憎しみをもつのだ。

兵士たちに言いたい、奴隷のような人びとをつくるために闘うな。自由のために闘え。

2　日本国憲法前文

［日本語］

日本国民は、正当に選挙された国会における代表者を通じて行動し、われらとわれらの子孫のために、諸国民との協和による成果と、わが国全土にわたつて自由のもたらす恵沢を確保し、政府の行為によつて再び戦争の惨禍が起ることのないやうにすることを決意し、ここに主権が国民に存することを宣言し、この憲法を確定する。そもそも国政は、国民の厳粛な信託によるものであつて、その権威は国民に由来し、その権力は国民の代表者がこれを行使し、その福利は国民がこれを享受する。これは人類普遍の原理であり、この憲法は、かかる原理に基くものである。われらは、これに反する一切の憲法、法令及び詔勅を排除する。

日本国民は、恒久の平和を念願し、人間相互の関係を支配する崇高な理想を深く自覚するのであつて、平和を愛する諸国民の公正と信義に信頼して、われらの安全と生存を保持しようと決意した。われらは、平和を維持し、専制と隷従、圧迫と偏狭を地上から永遠に除去しようと努めてゐる国際社会において、名誉ある地位を占めたいと思ふ。われらは、全世界の国民が、ひとしく恐怖と欠乏から免かれ、平和のうちに生存する権利を有することを確認する。

われらは、いづれの国家も、自国のことのみに専念して他国を無視してはならないのであつて、政治道徳の法則は、普遍的なものであり、この法則に従ふことは、自国の主権を維持し、他国と対等関係に立たうとする各国の責務であると信ずる。

日本国民は、国家の名誉にかけ、全力をあげてこの崇高な理想と目的を達成することを誓ふ。

［英語］

We, the Japanese people, acting through our duly elected representatives in the National Diet, determined that we shall secure for ourselves and our posterity the fruits of peaceful cooperation with all nations and the blessings of liberty throughout this land, and resolved that never again shall we be visited with the horrors of war through the action of government, do proclaim that sovereign power resides with the people and do firmly establish this Constitution. Government is a sacred trust of the people, the authority for which is derived from the people, the powers of which are exercised by the representatives of the people, and the benefits of which are enjoyed by the people. This is a universal principle of mankind upon which this Constitution is founded. We reject and revoke all constitutions, laws, ordinances, and rescripts in conflict herewith.

We, the Japanese people, desire peace for all time and are deeply conscious of the high ideals controlling human relationship, and we have determined to preserve our security and existence, trusting in the justice and faith of the peace-loving peoples of the world. We desire to occupy an honored place in an international society striving for the preservation of peace, and the banishment of tyranny and slavery, oppression and intolerance for all time from the earth. We recognize that all peoples of the world have the right to live in peace, free from fear and want.

We believe that no nation is responsible to itself alone, but that laws of political morality are universal; and that obedience to such laws is incumbent upon all nations who would sustain their own sovereignty and justify their sovereign relationship with other nations.

We, the Japanese people, pledge our national honor to accomplish these high ideals and purposes with all our resources.

［中国語］

日本国民决心，通过正式选出的国会中的代表而行动，为了我们和我们的子孙，确保与各国人民合作而取得的成果和自由带给我们全国的恩惠，消除因政府的行为而 再次 发生的战祸，兹宣布主权属于国民，并制定本宪法。国政源于国民的严肃信托，其权威来自国民，其权力由国民的代表行使，其福利由国民享受。这是人类普遍的原理，本宪法即以此原理为根据。凡与此相反的一切宪法、法律、命令和诏敕，我们均将排除之。

日本国民期望持久的和平，深知支配人类相互关系的崇高理想，信赖爱好和平的各国人民的公正与信义，决心保持我们的安全与生存。我们希望在努力维护和平，从 地球上永远消灭专制与隶属、压迫与偏见的国际社会中，占有光荣的地位。我们确认，全世界人民都同等具有免于恐怖和贫困并在和平中生存的权利。

我们相信，任何国家都不得只顾本国而不顾他国，政治道德的法则是普遍的法则，遵守这一法则是欲维持本国主权并同他国建立对等关系的各国的责任。

日本国民誓以国家的名誉，竭尽全力以达到这一崇高的理想和目的。

（出典……在中国日本国大使館のウェブサイト http://www.cn.emb-japan.go.jp/fpolicy/kenpo.htm）

［アラビア語］

نحن، الشعب الياباني، بالعمل من خلال ممثلينا المنتخبين حسب الأصول في مجلس الدايت، قررنا أننا
سنكفل لأنفسنا ولأجيالنا القادمة ثمار التعاون السلمي مع كل الأمم، وبركات الحرية عبر هذه الأرض، وارتأينا أن أهوال الحرب لن تزورنا قط من خلال فعل الحكومة، ونعلن أن السلطة ذات السيادة تكمن في الشعب، وبعزم نضع هذا الدستور. الحكومة أمانة مقدسة من الناس، وتستمد سلطتها من الشعب، ويتمتع الشعب بفوائدها. هذا هو مبدأ البشرية العالمي الذي أسس عليه هذا الدستور. نحن نرفض ونلغي كل الدساتير، والقوانين، والأوامر، والتوجيهات التي تتعارض معه.
نحن، الشعب الياباني، نرغب في السلام لكل الأزمان وندرك بعمق المثل العليا التي تسيطر على العلاقات الإنسانية، وقررنا الحفاظ على أمننا ووجودنا، واضعين ثقتنا في عدالة وإيمان كل شعوب العالم المُحبة للسلام. وإننا نرغب في تبوء مكانة مشرفة في المجتمع الدولي الذي يناضل للحفاظ على السلام، ونبذ الطغيان والعبودية، والقمع والتعصب لكل الأزمان من الأرض. ونقر بأن كل شعوب العالم لها الحق في أن تحي بسلام، بلا خوف ولا فاقة.
نحن نؤمن بأن ليست هناك أمة مسؤولة عن نفسها فقط، بل أن قوانين الأخلاق السياسية عالمية؛ وأن الالتزام بمثل هذه القوانين واجب على عاتق كل الأمم التي تريد الحفاظ على سيادتها وتبرر علاقتها السيادية مع الأمم الأخرى.
نحن، الشعب الياباني، نتعهد بشرفنا الوطني بأن ننجز هذه المثل والغايات العليا، بكل ما أوتينا من موارد.

（出典……www.minbaralhurriyya.org）

著者
勝俣誠（かつまた まこと）
1946年東京、新宿区生まれ。幼年時代から大の本好き。早稲田大学政経学部卒、フランス・パリ第一大学博士課程修了（開発経済学博士）。専門は国際政治経済学、アフリカ地域研究。フランスの東洋言語文化研究所、富士山麓の貿易研修センター（通称貿易大学）、西アフリカ・セネガルのダカール大学（正式名はシェイク・アンタ・ジョップ大学）、カナダのモントリオール大学などで教員・研究生活をした後、明治学院大学国際学部の教員及び同大学の国際平和研究所の所長などを経て、現在半農半読書生活。明治学院大学名誉教授。著書に『アフリカは本当に貧しいのか』（朝日選書）、『現代アフリカ入門』（岩波新書）、『脱成長の道 ── 分かち合いの社会を創る』（共編著、コモンズ）、『新・現代アフリカ入門 ── 人々が変える大陸』（岩波新書）、などがある。訳書としてミッシェル・ボー『資本主義の世界史 ── 1500−2000年』（共訳、藤原書店）などがある。

娘と話す　世界の貧困と格差ってなに？
発行　2016年10月31日　初版第一刷　2000部
　　　2020年 5月 6日　　　第二刷　1000部
定価　1200円＋税
著者　勝俣誠
装丁　泉沢儒花
発行者　北川フラム
発行所　現代企画室
150-0033　東京都渋谷区猿楽町29-18-A8
TEL03-3461-5082　FAX03-3461-5083
e-mail: gendai@jca.apc.org
http://www.jca.apc.org/gendai/
印刷・製本　中央精版印刷株式会社
ISBN978-4-7738-1614-3 Y1200

現代企画室 子どもと話すシリーズ

好評既刊

『子どもと話す 文学ってなに?』
蜷川 泰司著
200頁 定価1200円+税

『娘と話す 宇宙ってなに？』
池内 了著
200頁 定価1200円+税

『子どもたちと話す 天皇ってなに？』
池田 浩士著
202頁 定価1200円+税

『娘と話す 数学ってなに？』
ドゥニ・ゲジ著 藤田真利子訳 池上高志=解説
148頁 定価1200円+税

『娘と話す 原発ってなに？』
池内 了著
196頁 定価1200円+税

『子どもと話す マッチョってなに?』
クレマンティーヌ・オータン著 山本規雄訳 内田春菊=解説
136頁 定価1200円+税

『改訂新版 娘と話す メディアってなに？』
山中 速人著
220頁 定価1200円+税